U0458755

股市趋势交易大师②

龙头作手

温　程◎著

山西出版传媒集团　山西人民出版社

图书在版编目（CIP）数据

股市趋势交易大师 . 2，龙头作手 / 温程著. — 太原：
山西人民出版社，2022.2（2024.12 重印）

ISBN 978-7-203-12085-8

Ⅰ.①股… Ⅱ.①温… Ⅲ.①股票投资—投资分析
Ⅳ.① F830.91

中国版本图书馆 CIP 数据核字（2022）第 003354 号

股市趋势交易大师 2：龙头作手
GUSHI QUSHI JIAOYI DASHI 2 : LONGTOU ZUOSHOU

著　　者：	温　程
责任编辑：	孙宇欣
复　　审：	魏美荣
终　　审：	贺　权
装帧设计：	孙绍委

出 版 者：山西出版传媒集团·山西人民出版社
地　　址：太原市建设南路 21 号
邮　　编：030012
发行营销：0351-4922220　4955996　4956039　4922127（传真）
天猫官网：https://sxrmcbs.tmall.com　电话：0351-4922159
E－mail：sxskcb@163.com　发行部
　　　　　sxskcb@126.com　总编室
网　　址：www.sxskcb.com

经 销 者：山西出版传媒集团·山西人民出版社
承 印 厂：廊坊市祥丰印刷有限公司

开　　本：710mm×1000mm　1/16
印　　张：15
字　　数：260 千字
版　　次：2022 年 2 月　第 1 版
印　　次：2024 年 12 月　第 4 次印刷
书　　号：ISBN 978-7-203-12085-8
定　　价：198.00 元

如有印装质量问题请与本社联系调换

前　言

有道无术，术尚可求也。有术无道，止于术。

道即规律，万物皆有规律。想要做好投资，不能跟随自己的主观意愿，而应该遵循股市运行的客观规律。

股市运行的周期、趋势及涨跌，都是客观存在的，不会因为谁的主观意愿而去改变。外力因素可以引发股市的异动，却无法改变股市的内在运行规律。

趋势交易体系的理念就是认知趋势、尊重趋势、顺势而为。《股市趋势交易大师1：万宗归于趋势》一书主要阐述了趋势交易的基本理念和技术、筹码应用和量价关系，深入系统地分析了上市公司的基本面内涵、基本面排雷和中长线交易模型的技术特点。本书主要阐述短线交易的"三元一催化"原则、个股常见的短线交易模型、题材的挖掘、市场周期人气等短线"打板"交易的理念和技术。

希望每一位读者都能够深入理解趋势交易体系的核心并铭刻于心！

趋势为主导，波段来操作。
选股选龙头，顺着题材走。
动手抓启动，不要去死守。
止损要果断，仓位控风险。
盈多胜小亏，时间好伙伴。

趋势交易的基本架构和修炼，可以分为 5 个层次：

第一个层次，是趋势。

了解趋势的基本概念，认知趋势、顺势而为，树立"顺趋势者盈、逆趋势者损"的交易理念。

第二个层次，是选股。

分为基本面选股和题材选股。基本面选股要选拐点，题材选股要选风口。同时，重视板块效应以及板块中的龙头股。

第三个层次，是筹码和量价。

资金和筹码的博弈，是趋势形成和股市波动的原动力，也是判断主力资金建仓、启动、拉升、出货等行为的重要指标。

第四个层次，是交易。

要学会识别底部的结构、顶部的结构，做好交易的仓位管理，并严格制定、执行止损。

第五个层次，是知行合一。

通过努力学习和刻苦训练，功到自然成！学习的过程，一开始是做加法，博采众长。成熟之后，要开始做减法，吸收精华，形成和完善自己的交易体系。

这些年来，笔者对一些传统的投资理念做了优化。

1. 没有了技术派和价值派的争论和分歧。

我们投资股票，到底是参考技术面还是基本面？在笔者的投资体系中，只把趋势作为唯一的参考指标。不管是技术派还是价值派，只要个股启动拉升，终要进入上升通道，形成上升趋势，即万宗归于趋势！

因此，我们只需要关注趋势的变化、趋势的拐点就好。另外，笔者把基本面也归为题材的一种，业绩短期或长期改善转好，也属于题材炒作的一个范畴。

2. 对短线交易和长线交易的分歧进行了优化。

市场上其实没有绝对的长短线之分，只是在不同的周期中进行操作。传统的长线交易，本质上是数个运行波段的组合，笔者认为长线投资绝对不是让投资者数年持股不动。

不管是中长线模型，还是短线模型，都必须尊重趋势，顺势而为。《股票大作手回忆录》中杰西·利弗莫尔对笔者形成趋势交易体系的成长过程产生了非常重要的作用和影响，因此，笔者将本书命名为《龙头作手》以示感恩和怀念！

路漫漫其修远兮，在笔者的趋势交易体系完善成熟的过程中，感谢所有的老师、高手们无私指教，尤其感谢"一头乱发""KAKA"等几位好友！

目　录

第一章　总论

第一节　上升通道——M60 之上的盈利之路

在《万宗归于趋势》一书中，向大家介绍的最重要的交易理念和方法就是永远只操作进入上升通道的个股，永远回避进入下降通道的个股。

什么是上升通道，用一个最直观的方法来判断，就是 K 线在日线级别和周线级别同时有效突破 M60。

M60 是生命线，是判断趋势的核心指标。在趋势交易体系中，我们把有效突破 M60，并持续运行在 M60 均线之上，定义为上升通道。如图 1.1、图 1.2 所示。我们把有效跌破 M60，并持续运行于 M60 均线之下，定义为下降通道。

图 1.1　M60 生命线支撑的上升通道

图 1.2　有效突破 M60

有效突破 M60，需要满足三个条件：

1. 收盘后，大阳线或涨停板收在 M60 均线之上。

如果是龙头股，则要求涨停并突破 M60。

2. 必须要有成交量的配合。

有效突破的成交量只有持续温和放量、持续堆量这两种形式。持续堆量常出现在短线个股模型爆发时，持续温和放量常出现在中长线个股模型行情启动时。

3. 突破后如果有回踩，一定要受到 M60 的支撑。

可以说，在笔者的实盘操作中，不管中长线还是短线，不管是价值股还是题材股，绝大部分的交易是在上升通道（M60 之上）完成的。

第二节 短线交易的"三元一催化"原则

短线交易的指导原则，归纳起来就是笔者所创立的"三元一催化"原则。

投资股票，首先要看大环境。就像出兵打仗，要先看天气。

其次要看资金，资金就是粮草，兵马未动，粮草先行。

第三要看题材，题材就像战争中的旗号，这个旗号是不是正义、格局够不够大很重要。板块效应就像十八路诸侯联手，诸侯联手所向无敌。

第四要看士气，士气即市场的情绪，是资金引爆和发酵的结果。

最后才是看上市公司、看个股，这些都属于术的范畴了。

这些就是"三元一催化"的基本思路。

◎ 三元

"三元一催化"中的"三元"，即大盘拐点、板块效应、龙头个股。

大盘拐点又分为支撑拐点和突破拐点。支撑拐点如图 1.3 所示，创业板在 2019 年 12 月 5 日没有跌破 M60，受到了支撑。当然，由支撑拐点开启的行情不是最强势的，由突破拐点开启的行情才是最强势的，突破拐点如图 1.4 所示，2019 年 2 月 22 日突破 M60 和压力平台。

可以这样说，只要大盘不是处于下降通道，就可以进行个股的短线交易。大盘企稳或活跃，板块效应有效形成，板块中的龙头股集聚强大的人气，天时地利人和同时具备，就是最佳的进场交易机会。

图 1.3　支撑拐点，该破位而没破位

图 1.4　突破拐点开启的行情更强势

◎ 一催化

"一催化"，即题材催化，如涨价、国家政策支持等，尤其是从无到有的新概念，可以从爆发开始持续发酵。另外，题材概念一定要大，格局要高，最明确的标准就是：相关政策由更高级别机构完全主导，证监会级别没有权限对相关政策进行窗口指导。

据上交所2月14日披露，本周(2020年2月10日至14日)，沪市发生拉抬打压股价、虚假申报等共47起证券异常交易行为，上交所对此采取了书面警示等自律监管措施。其中，将疫情防控相关概念股票纳入重点监控，对影响市场正常交易秩序、误导投资者交易决策的异常交易行为及时实施自律监管。此外，加强对涉嫌操纵市场、内幕交易等违法违规交易行为的核查力度，对17起上市公司重大事项等进行专项核查，向证监会上报3起涉嫌违法违规案件线索。(中国证券报)

深交所：对近期股价异常波动的"秀强股份""三五互联"等股票进行持续重点监控，并及时采取监管措施。

❋ 紧跟涨停板…… ‣

图 1.5　对题材、个股进行窗口指导

"三元一催化"必须同时具备，缺一不可，这样才可能产生强大的市场龙头股。

技术是辅助我们发现鉴别龙头股、进行交易的工具，是术的范畴。

技术的可靠性，与大盘环境息息相关。板块效应形成，技术的可靠性更高。题材持续发酵，技术将事半功倍。如果大盘"走坏"、板块效应未有效形成、题材突然"熄火"，技术就会失效。

大盘兴、板块成、题材起，则技术强；大盘废、板块废、题材废，则技术废，这就是"三元一催化"的内涵所在！

第二章 短线交易的参考指标

第一节 题材

题材是行情的催化剂，没有题材，就没有行情。每一次龙头股出现的逻辑，总是"题材＋拐点（变化）"。常见的题材有概念性题材、常规性题材、固定性题材。

1. 概念性题材

概念性题材具有突发性，多属于从无到有，例如"一带一路""雄安新区""科创板"等概念，都是市场新生的，具有极强的爆发力。

2. 常规性题材

这些是本来就存在的概念，只是在某一时间点出现了拐点，迎来了风口，从而爆发的。例如，新能源汽车的锂、光伏产业的硅等概念，基本面发生了转折，如上市公司的产品提价、大宗商品涨价、净利润大幅增长等。

3. 固定性题材

有一些题材，比如军工板块、券商板块等，每一轮牛市行情总是习惯性地被资金炒作。

还有一些固定性题材具有时间周期性，比如"高送转"行情、"年报"行情等。而"次新股""重组"等概念，会经常被拿来反复炒作。

比如，每年在三季报出来之后，"高送转"板块常会有所异动。虽然"高送转"行情不一定每年都有，但是常常会有。下面就来谈谈"高送转"板块的选股标准。

（1）每股公积金越大越好，最好大于 10 元，至少 2 元。

（2）每股未分配利润至少大于 2 元，越大越好。（不如每股公积金重要。）

（3）高股价。

（4）每股净资产越高越好。

（5）净资产收益率高，具备成长性。

（6）总股本在 2 亿以内。

（7）业绩优良。

（8）个股不一定是次新股。

真正的题材，在市场上都会明显地受到资金的认可和追捧，往往整个题材板块都很强，能够形成明显的板块联动效应。比如 2015 年的锂电池板块、2017 年初的"一带一路"板块、2017 年上半年的"雄安新区"板块、2018 年的 5G 以及近两年的光伏、新能源汽车等。

市场上的消息经常满天飞，要注意辨别真假消息。笔者对待市场上形形色色消息的态度和原则是：盘面的真实走势，是把市场内外所有消息消化、整合之后的最终结果和体现。验证市场消息的真伪，最有效的方法就是跟踪后市趋势的真实表现。真实的走势，才是最客观的。因此，不必过度关注市场上的各种声音和消息，趋势才是最真实、最可靠的。突发的消息，只能够引发行情出现节奏上的波动，却改变不了市场本身的内在运行趋势。

如东方生物（688298）在 2021 年 6 月 29 日晚发布了半年业绩大幅预增的公告，如图 2.1 所示。这本是利好性质的消息，但公告次日股价便出现短期大幅下跌，如图 2.2 所示。

对于主力资金而言，利用消息面对股价进行干扰具有一定的优势，毕竟目前市场信息的披露机制相对不完善，投资者极难在第一时间内掌握上市公司的真实动态，更无法去验证信息的真实性。因此，不建议投资者靠"听取消息"来指导交易，以自己先天的劣势去博弈主力资金的优势，我们可以通过客观有效的趋势交易体系及方法来弥补"先天不足"。

题材一定要大，格局一定要高，最好是国家级、产业级政策支持的类别。例如，每一个"国家五年规划"中出现的新机会。题材大，

浙江东方基因生物制品股份有限公司

2021 年半年度业绩预增公告

> 本公司董事会及全体董事保证本公告内容不存在任何虚假记载、误导性陈述或者重大遗漏，并对其内容的真实性、准确性和完整性依法承担法律责任。

一、本期业绩预告情况

（一）业绩预告期间

2021 年 1 月 1 日至 2021 年 6 月 30 日。

（二）业绩预告情况

1、经财务部门初步测算，预计 2021 年半年度实现归属于母公司所有者的净利润 298,000 万元到 353,000 万元，与上年同期（法定披露数据）相比，将增加 245,605.32 万元到 300,605.32 万元，同比增加 468.76% 到 573.73% 左右。

图 2.1 东方生物（688298）发布的业绩预增公告

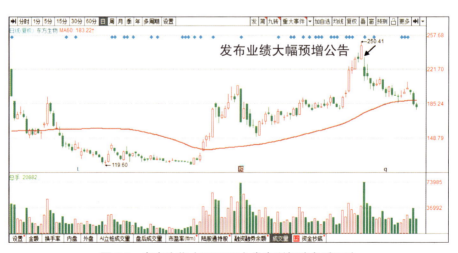

图 2.2 东方生物（688298）发布利好消息后下跌

则行情大；题材小，则行情小。题材够不够"大"，最明确的衡量标准就是证监会级别能否对该题材进行窗口指导、暂停或按停。比如雄安概念、科创板概念、新能源汽车概念、新冠肺炎概念等，这类题材要么体现国家意志，或者属于时代发展的必然选择，要么是自然力无法抗拒的，等等。

短线炒作题材的选择，应该重点考虑具有复合题材的个股，而做价值投资，则尽量挑选主营业务单一的公司。

我们在选定某一题材板块之后，对于板块中个股的选择，应该倾向集多个热点题材于一身的个股，这类个股更容易被市场资金炒作，更容易成为题材龙头股。复合题材的优点是，当某一题材的炒作突然熄火时，很容易继续接力其他的热门题材，即更容易被市场资金持续炒作。

像欣龙控股（000955）这样一只题材股，便集多种热门概念于一身，如图2.3。市场热炒壳资源、股权转让的概念，它有；紧接着，创投概念又持续发酵，它也有；市场上突然爆发"肺炎病毒"的模糊概念、禽流感概念，它还有！这样的复合概念型个股很容易被市场资金挖掘并接力炒作。

市场资金对题材的选择，是喜新厌旧的。新鲜的题材、朦胧的题

图2.3 集多种热门题材于一身

材、具有想象空间的题材，特别容易受到资金的挖掘和炒作。一个新题材成为主流热点的时候，便是赚大钱的机会，尤其是持续时间比较长、反复活跃、有较长周期、有较多概念分支、能够反复炒作的题材，比如 2020—2021 年的新能源汽车及其分支板块。

市场尤其喜欢朦胧的概念，当市场上所有人都看得足够清楚时，该题材的炒作也即将落幕。

第二节 板块效应

市场选出的龙头股，才是真正的龙头股。想要选到龙头股，第一步先要选好板块，周期内某概念板块开始出现异动，并且形成明显的板块联动效应，我们就可以利用板块效应进行选股了。

◎ 板块联动效应的特征

1. 同一周期内，同板块诸多个股的技术形态大致相似。

2017 年 7 月至 9 月，稀土永磁板块出现了明显的板块联动效应，同一周期内，同一板块中多只个股的技术形态都非常相似，如图 2.4、图 2.5、图 2.6、图 2.7 所示。能够形成整个板块的联动，一般是市场中比较有实力的大资金所为。

图 2.4 稀土永磁板块形成板块联动效应

图 2.5　中科三环（000970）形成板块联动效应

图 2.6　盛和资源（600392）形成板块联动效应

图 2.7　五矿稀土（000831）形成板块联动效应

2. 板块上涨时，同板块的诸多个股纷纷响应。

板块中个股联动上涨，包括龙头股领涨和强势股助攻。板块效应形成当天，板块中至少要有三只领涨股涨停，涨停板越多，板块联动效应就越强、越确定。如表 2.1 所示，板块中的强势股涨幅达到 5% 以上进行助攻。如果领涨股不强，当天涨停股少于 3 只，或者助攻不到位，对龙头股没有配合，都不算成功的板块联动效应。如表 2.2 所示。

当板块出现异动时，如果只是个别股票有反应，不属于板块联动效应，即孤军行动不是联动。

表 2.1 有效的板块效应

序号	代码	股票名称	涨幅
1	002169	智光电气	+10.04
2	000803	金宇车城	+10.01
3	603290	斯达半导	+10.01
4	300812	易天股份	+10.01
5	300397	天和防务	+10.01
6	300671	富满电子	+10.00
7	002023	海特高新	+10.00
8	603893	瑞芯微	+10.00
9	300708	聚灿光电	+9.98
10	002536	飞龙股份	+9.96
11	300139	晓程科技	+9.95
12	300102	乾照光电	+9.93
13	600171	上海贝岭	+9.51
14	600584	长电科技	+9.06
15	000818	航锦科技	+8.94
16	600206	有研新材	+8.87
17	603068	博通集成	+8.68
18	002409	雅克科技	+8.28

表 2.2　无效的板块效应

序号	代码	股票名称	涨幅
1	300102	乾照光电	+9.93
2	002151	北斗星通	+5.88
3	300053	欧比特	+5.20
4	002935	天奥电子	+5.16
5	600118	中国卫星	+5.02
6	300455	康拓红外	+4.98
7	002413	雷科防务	+4.64
8	300045	华力创通	+4.50
9	300101	振芯科技	+4.36
10	300036	超图软件	+4.33
11	300020	银江股份	+4.21
12	300456	耐威科技	+3.83
13	300342	天银机电	+3.77
14	300177	中海达	+3.40
15	300590	移为通信	+2.49
16	300252	金信诺	+2.46
17	601698	中国卫通	+2.28
18	688066	航天宏图	+2.18

板块联动中的"建制"概念：

当一个题材板块成为某周期的主线时，除了整体涨幅大、人气旺、赚钱效应强，最大的特点就是行情运行周期长，反复发酵，持续性强。这样的主线板块除了题材的格局足够大，还有一个鲜明的特点，就是该板块的建制特别完整。一个完整的板块建制应该包括：高度龙头股（人气龙头）、短线换手龙头股、"中军"品种、助攻品种和多个可轮动接力的分支板块。

3. 板块中的龙头股，表现为主动性领涨，而不是被动性跟涨。

从板块效应中寻找龙头股，应该选择板块中主动领涨的个股，而不应该选择被动跟风的个股。

板块中主动拉升、带动板块指数上涨、拉升最早最快、拉升态度最坚决、回调最小的个股，往往容易成为板块中的龙头股。

不管是技术选股，还是基本面选股，都要寻找具有板块效应的机会。

比如，同一行业的各家公司业绩均出现大幅增长，这也属于板块效应的一种。行业内的业绩出现了联动效应，通常是整个行业的基本面出现了拐点，例如 2017—2019 年业绩增长的白酒板块，2020 年爆发的光伏硅片、锂电池板块，2021 年爆发的化工板块，都是整个行业集体出现了业绩拐点。

如果只有一家上市公司的业绩出现增长，而所属行业的整体业绩没有出现一致增长，这样就无法形成整个行业业绩的板块效应，那么行情的周期和规模就要大打折扣。

二级市场上之所以会出现板块联动效应，是市场上强大资金集体合力的结果。因此，板块联动效应形成具有两大优点：

（1）行情启动真实可靠，上涨行情稳定且持续。

（2）抗风险能力非常强。

形成板块联动效应的行情，往往是大资金经过了充分、完善的准备，轻易不会"半路熄火"。

同时，我们还需要在板块效应和板块轮动中，踏准板块轮动的节奏，提高资金的运作效率。

笔者认为随着资本市场的不断扩容，大盘指数将会失真，参考价值越来越弱。未来市场行情将以板块轮动为主，把各个分类板块指数作为参考更有意义。甄选个股，必须先选板块，尤其是选择主线板块，再从板块中进行个股的比较和筛选。不管做价值投资或题材投机，中长线模型或短线模型，都应该如此。

第三节　市场情绪、周期

◎ 市场情绪、人气和赚钱效应

这几个概念在笔者的交易体系中，基本属于同一类范畴和内涵。

市场情绪的爆发，本质上是赚钱效应和参与意愿（人气）的持续发酵。短线交易机会的前提和逻辑，是在赚钱效应的预期下，新增资金不断进场参与，尤其是广大散户参与交易的意愿强烈，出现明显的赚钱效应，进一步引发题材轮动、交投活跃，成交量持续放大，股价持续上涨，大多数参与者都处于暂时的盈利状态。

龙头股更是因为其突出的赚钱效应和人气，被后继入场资金所追捧。杰西·利弗莫尔说过，如果你不能在强势股上赚到钱，那么你就根本不可能在这个市场上赚到钱。龙头股一旦被市场确认，就会集赚钱效应和人气于一身，其筹码的供求关系就会发生质变，后市能不能卖得掉筹码就不再是问题，相反，问题就变成了筹码能不能买得到。

市场情绪和人气，主要取决于市场的赚钱效应。市场的赚钱效应是衡量市场情绪、人气最重要的指标。如果市场的赚钱效应降低，短线交易的人气会遭受打击，强势股开始领跌，涨跌个股的比例出现明显的转变。

情绪指标的一个重要参考就是每日的涨、跌停股数量及比例。如表 2.3 所示，2021 年 7 月 21 日涨停个股 80 只，跌停个股只有 2 只，当天的市场情绪和人气非常适合短线交易。

表 2.3　每日涨跌停数量统计

时间	星期	非ST股票			ST股票			创业板涨幅	成交额（亿）			
		涨停数	跌停数	涨跌比	涨停数	跌停数	涨跌比		创业板	上证	沪深两市
7月12日	一	87	3	29.0	23	12	1.9	3.68%	3098	5648	13180
7月13日	二	66	4	16.5	24	11	2.2	−0.56%	2946	5119	12202
7月14日	三	57	14	4.1	18	16	1.1	−0.75%	2735	5077	12151
7月15日	四	48	19	2.5	25	5	5.0	1.40%	2465	5075	11718
7月16日	五	37	5	7.4	16	3	5.3	−2.96%	2516	5786	11816
7月19日	一	51	10	5.1	20	22	0.9	0.49%	2420	4870	11219
7月20日	二	59	4	14.8	22	4	5.5	0.41%	2202	4226	9667
7月21日	三	80	2	40.0	22	3	7.3	2.78%	2971	5172	12074
7月22日	四	55	6	9.2	15	3	5.0	−0.44%	3096	5668	13009
7月23日	五	49	10	4.9	13	10	1.3	−2.10%	3218	6042	13787

（此表由陈生制作）

19

热点源于题材，由市场资金择出，而不是取决于我们的主观意愿。热点题材确认的问题，不是张三或者李四哪个更好的问题，而取决于哪个恰逢当下的题材风口。

选股要选"大众情人"，"大众情人"便是市场人气所在，得人气者得天下。同花顺、通达信、东方财富等软件，都有人气排名榜，可以帮助我们了解近期有哪些热门股正在被市场广泛关注。对于不符合主流热点的、跟风的、交投不足的板块或个股，短线交易型的投资者应该尽量回避。

◎ 周期

在趋势交易体系中，周期的掌握和应用，对于把握交易节奏起着非常重要的作用。与大盘节奏相一致的板块或个股，尤其值得我们关注。

所谓周期，本质上是大盘的各类趋势。趋势是引发市场交投活跃或冰点的最根本原因，抛开趋势拐点，仅仅以赚钱效应和情绪来判断、确认周期是片面的。

趋势拐点分为两类：支撑拐点和突破拐点。大盘的这些拐点会开启新周期，在新的节点，容易产生主线板块行情或龙头股。

支撑拐点出现在原趋势的周期内或箱体内，笔者称之"小周期"，引发小级别行情，如图 2.8 所示，指数在 M60 进行阻尼运动，形成箱体，第一个低点出现时，K 线表现为带下影线的阳线，表明在此位置有一定的支撑。

在第一个低点是无法判断新周期形成的，需要等到第二个或第三个低点进行确认，来明确箱体底部的形成。那么，在第二个或第三个低点就出现一个支撑拐点，开启一个小周期，如图 2.9 所示。

在这个新周期，往往会出现新的板块或个股机会，短线龙头股的第一个涨停往往会出现在支撑拐点形成当日，次日以更大的阳线实体进行突破，支撑拐点再次被确认，龙头股则会连板启动，从前一日众

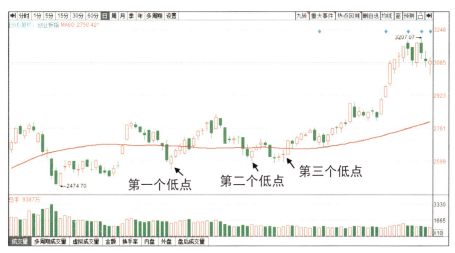

图 2.8　指数出现支撑拐点

图 2.9　支撑拐点引发小周期

多首板中脱颖而出。

　　以创业板为例，2021 年 3 月 17 日和 26 日确认了两个支撑拐点，16 日的十字星属于箱体内的第二个支撑点，17 日的阳线对其进行了确认。同样，25 日是箱体内的第三个支撑点，由 26 日的阳线对其进行了确认，如图 2.10 所示。

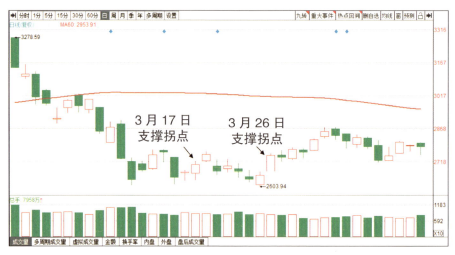

图 2.10　创业板出现的两个支撑拐点

市场中的个股方面，顺控发展（003039）3月16日进行了充分换手，3月17日的缩量涨停确认了行情启动，这与创业板当日确认支撑拐点相一致。3月25日该股出现了高位的分歧，是短线见顶的表现，如果大盘此时走低，顺控发展（003039）的行情一定到此为止。但是，3月26日创业板又一次确认了新的支撑拐点，市场资金重新选择了顺控发展，再次进行缩量涨停反包，启动了新一轮的上涨，如图2.11所示。

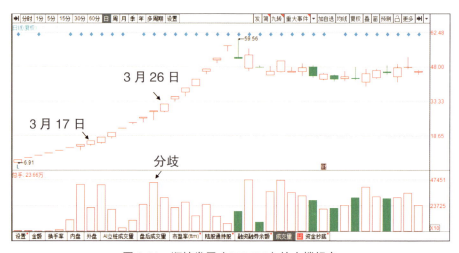

图 2.11　顺控发展（003039）的支撑拐点

由此可见，顺控发展（003039）是在创业板的两个支撑拐点上产生的龙头股。

突破拐点对原趋势进行突破，笔者称之"大周期"，引发大级别行情。突破拐点分为日线级别和周线级别。

在日线级别，指数对前期整理平台进行突破，突破拐点是非常明确的放量大阳线，如图 2.12 所示。在这个新周期开启的节点，会引发更大更持续的市场行情，市场行情不仅仅是个股级别的，而是板块级别的。当天出现大幅异动的板块，大概率成为新周期的主线。

图 2.12 突破拐点引发大周期

周线级别的新周期也是对前期整理平台进行突破，拐点是非常明确的周线级别大阳线，如图 2.13 所示。新周期的开启，同样引发大级别行情以及板块级别的行情，而且行情发酵运行的周期更加持久。

关于市场情绪、人气、周期等方面的内容，涉及太多太杂，大部分内容是在常年交易中形成的经验和盘感，很难用语言来完整表达，实属只可意会不可言传。相信大家在今后的日积月累中，也能够逐渐形成属于自己的交易风格。

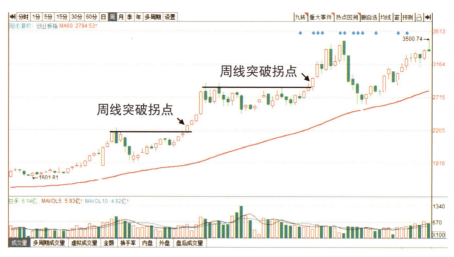

图 2.13　指数开启周线级别新周期

第三章 启动之前的技术指标

第一节　常见的建仓行为

常见的个股建仓行为大致分为五种：

1. "鲤鱼跳龙门＋假摔"，是日线级别的建仓行为。

2. 成交量反转，是周线级别建仓行为。

3. 底部小连阳，是日线、周线级别都经常出现的建仓行为。

4. 阻尼运动，是日线、周线级别都经常出现的建仓行为。

5. 底部"太阳雨"，是日线级别的建仓行为。

◎"鲤鱼跳龙门＋假摔"

"鲤鱼跳龙门＋假摔"，是个股在长期下跌通道的末端出现的主力资金暴力建仓行为。

龙门，是前箱体的趋势压力线、前箱体平台的中轴线、M60 共同

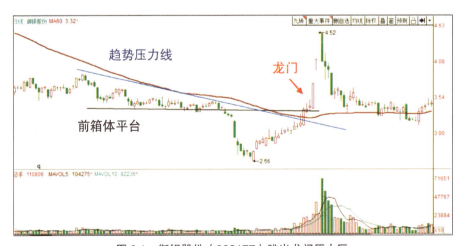

图 3.1　御银股份（002177）跳出龙门压力区

形成的压力区间，这是重新开启上升通道压力最大的区域。如果这个区域能够成功实现突破，则彰显出主力的决心和实力。当个股以涨停板的形式毫不犹豫地突破巨大压力区，犹如鲤鱼跳过了龙门，如图 3.1 所示，即将成为真正的龙头，突破龙门足以改变趋势。

有两种形式的"鲤鱼跳龙门"：

1.以建仓吸筹为目的的"鲤鱼跳龙门"，多伴有假摔，搭建起飞整理平台之后再进行启动。

2.直接暴力启动，演变为 T 板模型启动或 N 板模型启动。

这里主要介绍第一种情况，即"鲤鱼跳龙门"伴有假摔的建仓技术。其特点主要有：

1.出现"鲤鱼跳龙门"之前，筹码没有经过充分整理。

2.成交量呈现明显的持续放量。

3."鲤鱼跳龙门"的高度，最好超过前箱体水平，到达筹码峰的上缘。

4.多伴有假摔。

晓程科技（300139）在长期下降通道的末端，连续两个交易日以涨停的形式突破前箱体的趋势压力线、前箱体的中轴线和 M60 共同形成的压力区域，跳过了龙门，如图 3.2 所示。

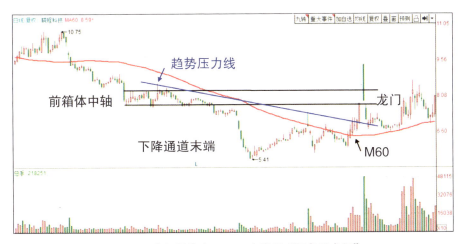

图 3.2　晓程科技（300139）出现"鲤鱼跳龙门"

假摔是出现在"鲤鱼跳龙门"之后的一种"抢筹 + 暴力建仓"行为。K 线上表现为跳空高开回落的大阴线，对应的成交量必须是巨量，如图 3.3 所示。"鲤鱼跳龙门 + 假摔"，应该吃掉前期平台的大部分筹码。

这种位于启动初始位置的跳空放量大阴线，具有极强的心理震慑作用，使得投资者们望而却步，在启动点的位置纷纷恐慌离场。事实却恰恰相反，这正是我们开始关注并伺机入场的机会。

"鲤鱼跳龙门 + 假摔"是主力资金进行建仓吸筹的技术形态，假摔往往是大幅高开后出现回落，主力资金在巨震中收集筹码，使得成交量明显

图 3.3　晓程科技（300139）"假摔抢筹 + 洗盘"

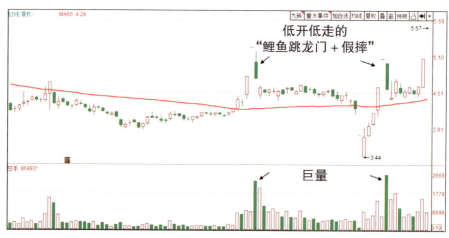

图 3.4　华升股份（600156）低开低走的假摔

放大。假摔大多是高开低走的，很少见到低开低走的假摔，如图3.4所示。

"鲤鱼跳龙门＋假摔"组合是否有效，主要取决于假摔之后能否在M60之上形成有效支撑。如果假摔之后始终受到M60的支撑，则是有效的假摔；如果假摔之后跌破M60，趋势破坏，那就不是假摔，而是真跌，应该立即止损离场。

"鲤鱼跳龙门＋假摔"出现之后，后市一般会发展为三种情况：

1."鲤鱼跳龙门＋假摔"整理之后，成功启动行情。如图3.5所示。

图3.5 "鲤鱼跳龙门＋假摔"整理后启动

2.弱势的"鲤鱼跳龙门＋假摔"，如图3.6所示。

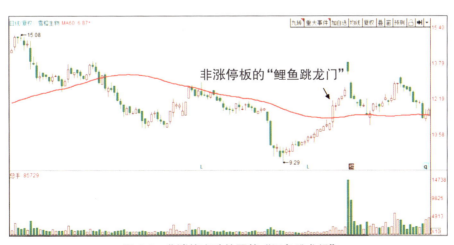

图3.6 非涨停突破的弱势"鲤鱼跳龙门"

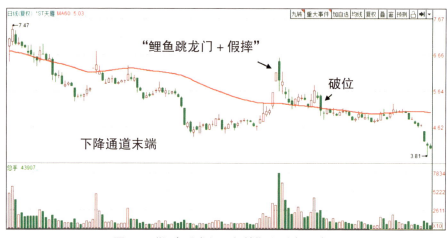

图 3.7 "鲤鱼跳龙门 + 假摔"之后出现破位

3. 失败的"鲤鱼跳龙门 + 假摔",如图 3.7 所示。

"鲤鱼跳龙门 + 假摔"属于建仓行为,并非上升通道的启动点,出现后直至启动之前,需要受到 M60 的支撑才算有效,后市出现确定性的启动点才可以进行买入操作。

◎ 周线级别成交量反转

周线级别成交量反转指大盘或个股从上一轮牛市结束,经历了熊市中后期的长时间缩量下跌,之后在周线级别底部区间出现连续放量、量能明显放大的现象。

我们知道,在上一轮牛市的头部区间,往往对应着历史最大成交量,即天量见天价。当新一轮周期底部区间出现持续放量,超过了前一轮牛市头部区间对应的量能时,就是周线级别成交量反转现象,这是最常见的一种主力资金建仓行为。如图 3.8、图 3.9 所示。

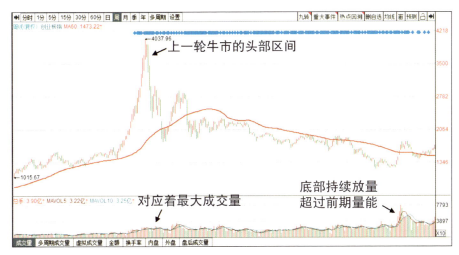

图 3.8　创业板出现周线级别成交量反转

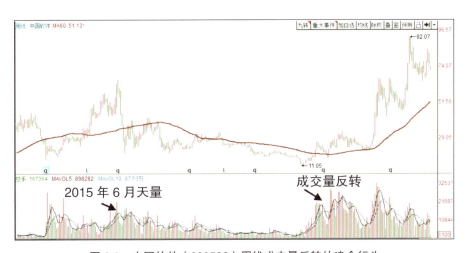

图 3.9　中国软件（600536）周线成交量反转的建仓行为

　　在周线成交量反转的建仓模型中，如果后市的整理过程始终受到周线 M30 的支撑，不跌破周线 M30，那么该股的股性相对更强。如图 3.10、图 3.11 所示。

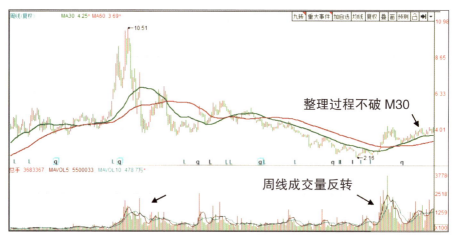

图 3.10　聚飞光电（300303）成交量反转后受周线 M30 支撑

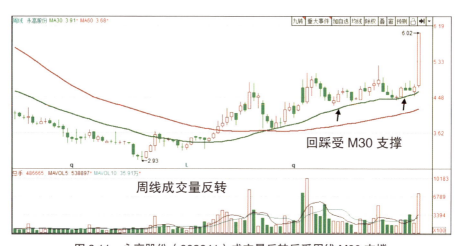

图 3.11　永高股份（002641）成交量反转后受周线 M30 支撑

　　双峰量能反转建仓，属于成交量反转的一种。即底部区间连续出现两个量能高峰，后峰价格的最高价低于前峰价格的最高价，后峰的量能大于前峰的量能，如图 3.12 所示。日线、周线级别都适用。

　　双峰量能反转后峰最高价高于前峰最高价者更好，如图 3.13 所示。

　　中国长城（000066）既出现了周线级别成交量反转建仓，又出现了双峰量能反转建仓。在 2018 年 3 月至 4 月期间，出现了周线级别的

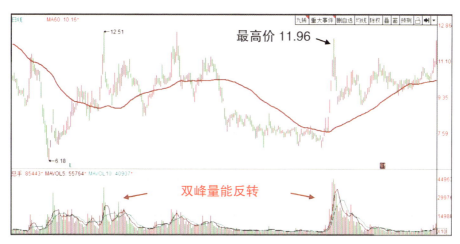

图 3.12　特尔佳（002213）日线双峰量能反转建仓

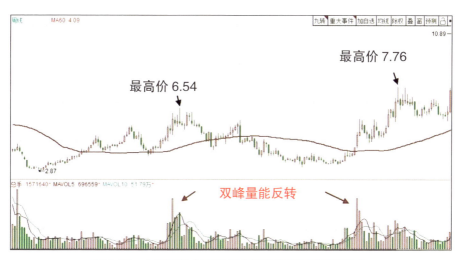

图 3.13　山煤国际（600546）周线双峰量能反转建仓

成交量反转。如图 3.14 所示。

　　成交量反转之后未开启上升通道，2019 年 3 月至 8 月出现了周线双峰量能反转，其中后峰的最高价超过了前峰，后峰出现了对前峰的量能反转。如图 3.15 所示。

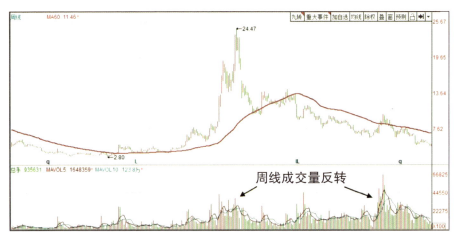

图 3.14　中国长城（000066）周线成交量反转建仓

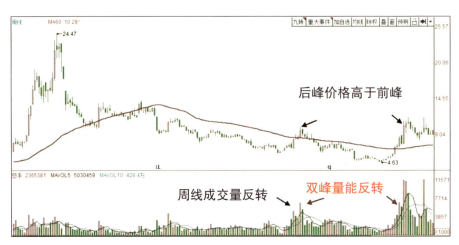

图 3.15　中国长城（000066）周线双峰量能反转建仓

◎ **底部七连阳**

　　底部七连阳，又称底部小连阳，是由一组连续的小阳线组成，振幅不大，成交量保持不变或小幅放大，这是主力进行快速建仓的行为。如图 3.16 所示。

　　小连阳至少要 7 根，多的话可以连续出现十几根阳线，如果中间夹杂一根小阴线或者十字星也算有效。如图 3.17 所示。

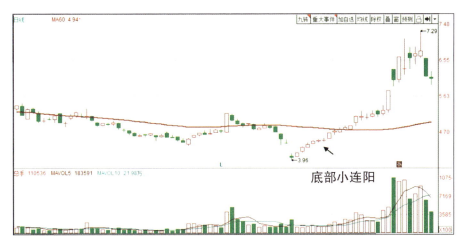

图 3.16 软控股份（002073）日线小连阳的建仓行为

图 3.17 东方电子（000682）底部小连阳

　　在下降通道的末端，成交往往呈地量，主力想要收集到更多的筹码越来越困难。由于提前得到消息或者其他原因，主力资金急于收集市场上浮动的筹码，做出连续小阳线进行筹码的收集，这是主力暴露建仓行为的技术特征。如图 3.18 所示。

　　小连阳分为两种情况，一种是在 M60 之下的底部小连阳，另一种是在 M60 之上的小连阳，二者均属于建仓行为。

　　M60 之下的底部小连阳逐渐抬高，接近 M60，蓄势启动。要注意

图 3.18　东方电子（000682）底部小连阳建仓

的是，底部小连阳是主力资金在底部区间快速收集筹码的建仓行为，但不是上升通道的启动点。小连阳出现之后，可能直接开启上升通道，可能整理之后再启动，也有可能启动失败。

底部小连阳的买点可以作为一种可靠的套利交易模型，后市也可以进一步发展为趋势性交易机会。

1. 短线套利交易的买点

底部小连阳多慢慢接近 M60，之后一般会出现冲击 M60 的大阳线甚至涨停板，可以提前在第 6 或第 7 根小阳线收盘前建好底仓，等待

图 3.19　汉宇集团（300403）利用冲击 M60 的大阳线进行套利

冲击 M60 的大阳线出现之后进行卖出，实现短线套利。如图 3.19 所示。

2.趋势性买点

小连阳出现之后，后市进一步突破 M60，直接开启上升通道，可以进行加仓。如图 3.20 所示。

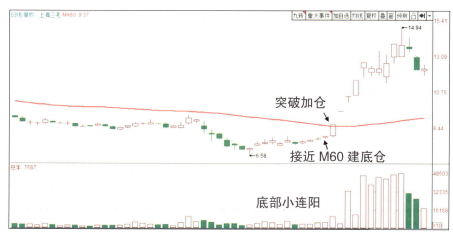

图 3.20 上海三毛（600689）小连阳后出现趋势性买点

3.止损

小连阳之后如果没有出现上攻 M60 的大阳线，回调无法受到 M60 或 M10 的有效支撑，应该止损出局，如图 3.21 所示。

图 3.21 润和软件（300339）无冲击 M60 大阳线的套利机会

周线级别七连阳也是一种明确的建仓行为，在长期的底部区间，出现周线级别连续 7 根或 7 根以上小阳线，是主力资金的建仓行为。如图 3.22、图 3.23 所示。

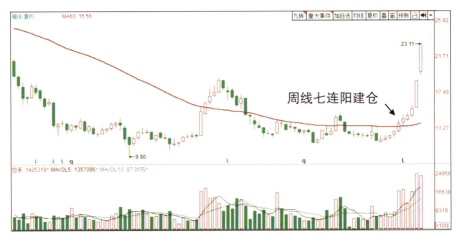

图 3.22　国轩高科（002074）周线七连阳建仓

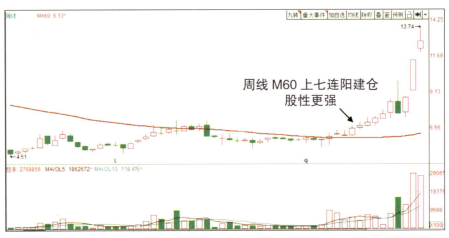

图 3.23　漫步者（002351）周线 M60 之上七连阳建仓

◎ 日线和周线级别阻尼运动

阻尼运动可以出现在建仓区间、头部区间、上涨中继、下跌中继、洗盘等各个阶段，是股票运行中最常见、最复杂多变的技术形态之一。

在底部区间出现周线级别的阻尼运动，且量能呈上涨放量、下跌缩量，这是一种可靠的大级别建仓行为，如图 3.24 所示。主力资金建仓的同时也在进行洗盘动作。因此，阻尼运动末端的成交量都是缩量的，是主力资金经过长时间建仓洗盘、收集筹码、锁筹成功的表现。

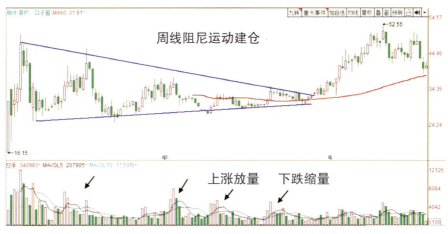

图 3.24　口子窖（603589）周线阻尼运动的建仓行为

苏州固锝（002079）出现周线级别阻尼运动，如图 3.25 所示。这是一种大规模的建仓洗盘行为，主力一边建仓，一边洗盘，量能呈现出典型的上涨放量、下跌缩量的表现，阻尼运动的末端缩量更加明显。

周线级别成交量反转和周线级别阻尼运动这两种建仓模型，都属于大资金、大级别、有规划的建仓行为，其共同点是在长期缩量的底部出现明显的持续放量过程，其区别在于周线级别成交量反转模型先完成建仓，再通过独立的洗盘过程进行筹码整理；周线级别阻尼运动模型则一边建仓、一边洗盘来完成筹码的整理过程。

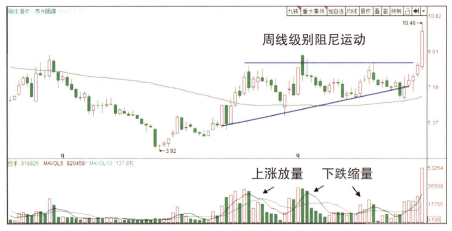

图 3.25 苏州固锝（002079）周线阻尼运动建仓

◎ 底部"太阳雨"

"太阳雨"的技术形态在分时级别表现为冲高回落、日线收长上影线。如图 3.26 所示。"太阳雨"处于不同的位置和区间，其意义完全不同，"太阳雨"如果频繁出现在长期底部区间或大幅下跌之后的底部区间，则是一种资金建仓行为。如图 3.27、图 3.28 所示。

"太阳雨"出现在底部，可以看作是主力资金的建仓动作，主力资金主动拉高去拿筹码，获取足够的筹码之后股价自然回落，进行横盘振荡。

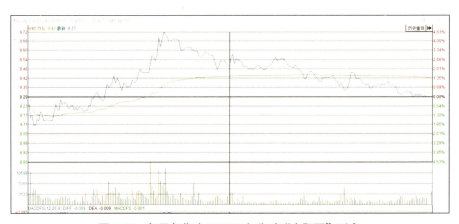

图 3.26 复旦复华（600624）分时"太阳雨"形态

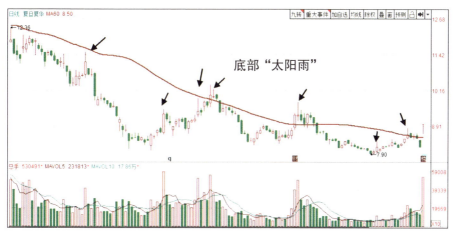

图 3.27　复旦复华（600624）底部"太阳雨"建仓

图 3.28　华电能源（600726）底部"太阳雨"建仓

以上五种建仓行为可以单独出现，也可以组合出现，比如："底部小连阳 + M60 上小连阳"、"小连阳 + 假摔"（如图 3.29 所示）、"周线阻尼运动 + 成交量反转"（如图 3.30 所示），等等。

需要说明的是，出现了建仓行为，不代表个股将立即开启上升通道，可能经过整理之后再启动，也可能启动失败。因此，出现建仓行为，不是我们买入的信号。

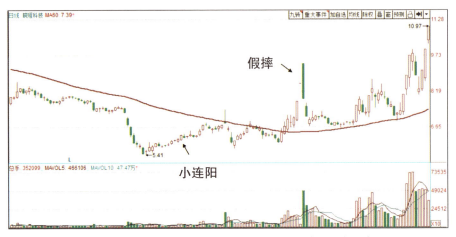

图 3.29　晓程科技（300139）"小连阳 + 假摔"组合建仓

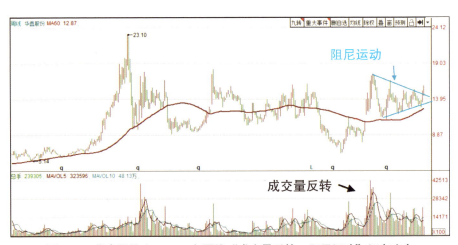

图 3.30　华鑫股份（600621）周线"成交量反转 + 阻尼运动"组合建仓

　　如果同时出现起飞平台、试盘动作等，会强化准备进场建仓的信号，而真正启动的那一刻，才是最安全最可靠的买入机会。

第二节　M60 起飞平台

◎ 龙头股的启动方式

1. 直接以涨停板突破 M60，暴力启动。这种启动方式的特点是筹码没有经过充分的整理，往往是市场突发利好，主力资金来不及提前建仓洗盘，只能一边拉升一边建仓，在拉升过程中完成筹码的换手和整理。如图 3.31、图 3.32 所示。

2. 启动之前，在 M60 之上搭建一个整理平台，一般 1 周到 3 个月的时间，筹码经过一定的整理之后再启动行情。如图 3.33 所示。

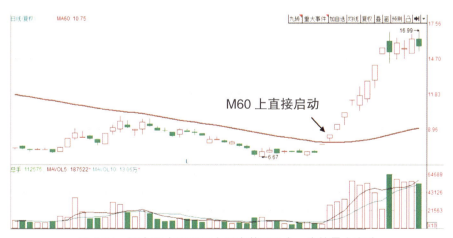

图 3.31　深大通（000038）没有整理平台，直接暴力启动

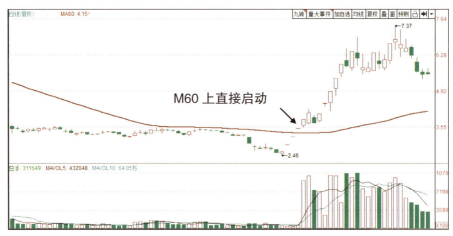

图 3.32　绿庭投资（600695）没有整理平台，直接暴力启动

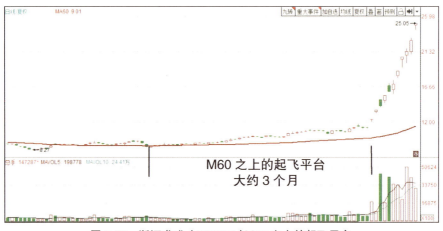

图 3.33　浙江龙盛（600352）M60 之上的起飞平台

　　建仓之后，主力资金开始启动前的筹码整理。龙头股的技术形态特点是，在筹码整理的过程中，K 线始终位于 M60 之上，就像飞机起飞之前需要一定距离的跑道助飞一样，这种整理助飞的形态是股性强势的表现。如图 3.34 所示。

　　起飞平台之前，一定要有建仓行为（即前文所阐述的五种建仓行为），如图 3.35、图 3.36 所示，这是前提条件。

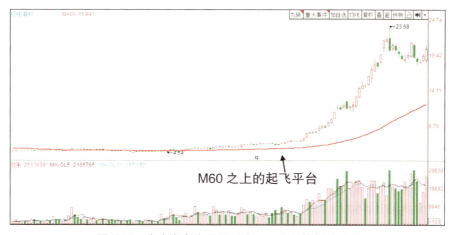

图 3.34 方大炭素（600516）M60 之上的起飞平台

图 3.35 丰乐种业（000713）启动前有涨停、七连阳等建仓行为

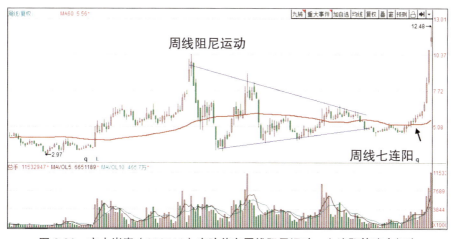

图 3.36 方大炭素（600516）启动前有周线阻尼运动、七连阳等建仓行为

　　许多龙头股都是从 M60 起飞平台之上开始启动的，起飞平台是建仓之后的筹码整理过程，整个过程在 M60 之上完成，是股性强势的表现，尤其是当大盘同期下跌时，个股仍能站稳 M60，更能说明其股性强势。

　　M60 代表着 60 个交易日的平均建仓成本，也包括主力资金在内。龙头股的主力不允许在筹码整理过程跌破自己的建仓成本，因此，形成了 M60 之上的起飞平台。

　　此外，还有一种比较特殊的情况，即主力在启动之前，为了洗走图形派和技术派故意跌破 M60，但后市在极短时间内（1 至 3 个交易日）以涨停板的形式重新反包、收回 M60，这种在 M60 起飞平台上出现的特殊洗盘行为，笔者称之为 M60 涨停板反包。

◎ M60 涨停板反包

　　强势股的主升行情，很多是在 M60 起飞平台之上启动的。当大盘破位下跌时，应该观察个股之前是否存在建仓行为、之后的筹码整理过程是否始终受到 M60 的支撑。大部分弱势股跟随大盘回调发生破位，而强势个股则会利用大盘回调的机会进行洗盘，常表现为大阴线甚至跌停板跌破 M60，但是，在 3 个交易日内重新收回 M60，并且是以涨停板的形式收回，更强势的个股次日便可涨停收回 M60，如图

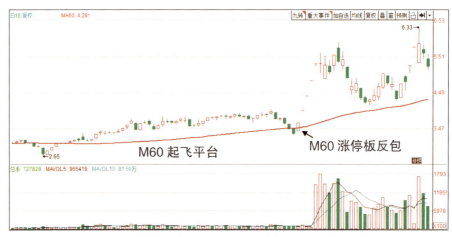

图 3.37　金健米业（600127）M60 涨停板反包，次日收回

3.37 所示。

根据破位的程度，可以分为两种情况：

1. M60 破位的涨停板反包

此类洗盘，以一根中长阴线实实在在跌破 M60，造成破位，在此之后，1 至 3 个交易日内以涨停板的形式反包破位阴线，重新站上 M60。如图 3.38 所示。

图 3.38　贵州轮胎（000589）M60 破位，涨停板反包

2. M60 未破位的涨停板反包

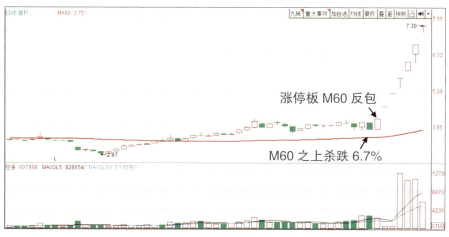

图 3.39　福安药业（300194）M60 未破位，涨停板反包

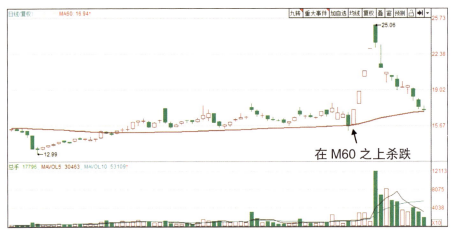

图 3.40　恒锋工具（300488）M60 未破位，涨停板反包

此类洗盘，以一根中长阴线在 M60 之上进行杀跌，但是收盘价并未跌破 M60，如图 3.39、图 3.40 所示。之后，1 至 3 个交易日内以涨停板的形式反包该洗盘阴线。

◎ **分时恐慌盘**

分时恐慌盘也称为分时有效杀出恐慌盘，开盘后主力资金主动进

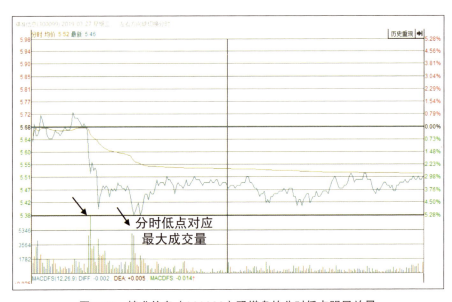

图 3.41　精准信息（300099）恐慌盘的分时低点明显放量

行杀跌，在分时的低点对应出现当天最大成交量，即分时低点出现大量恐慌性卖盘，如图 3.41 所示，同时有资金将这些恐慌性卖盘尽收囊中，因此表现为分时低点的成交量突然放大。

图 3.42　精准信息（300099）洗盘 K 线，分时出现恐慌盘

　　盘中急跌的走势，应该继续下跌才符合逻辑，但是盘中股价慢慢上涨，收盘前逐渐收复了日均价线，如图 3.43 所示，这样的走势能够说明分时杀出的恐慌盘有效。

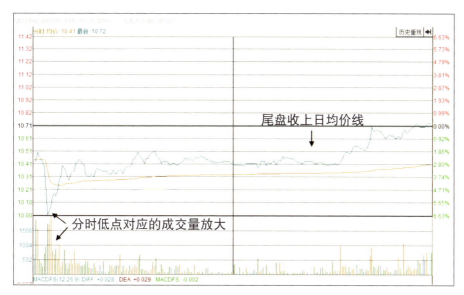

图 3.43　青岛中程（300208）分时杀出恐慌盘

出现主动性杀跌的位置，一般是位于行情的低位或者启动之前最后的洗盘，杀出的恐慌盘都是被套散户带血的筹码。

恐慌盘的三个特点：

1. 分时中的每一个杀跌低点，都对应着分时最大成交量。如图 3.43 所示。

2. 尾盘止跌，回到分时均线附近甚至收到均线之上。如图 3.43 所示。

3. 极端杀跌，甚至出现假跌停。如图 3.44 所示。

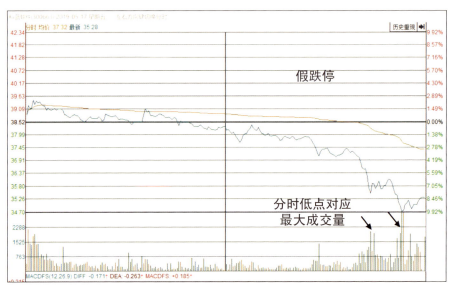

图 3.44　科蓝软件（300663）假跌停杀出恐慌盘

第三节 启动前的试盘："仙人指路"

M60 起飞平台是建仓之后的筹码整理过程，多由缩量的小阴小阳线组成并且振幅不大，这一点与"仙人指路"不同，"仙人指路"属于启动前的试盘行为。因此，分时振幅比较大。

"仙人指路"，位于 M60 之上，技术形态是"太阳雨"，是启动位置的"太阳雨"。

启动位置是即将有效突破 M60，即将出现趋势的拐点，多位于 M60 或 M60 小平台之上。

"仙人指路"的本质是主力拉升之前的试盘动作，技术特点如下：

1. 位于启动位置，跳出 M60，位于 M60 之上。如图 3.45。

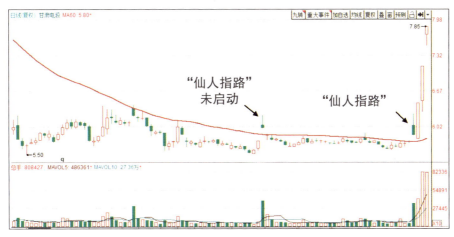

图 3.45 甘肃电投（000791）"仙人指路"位于 M60 之上

2. 分时冲高回落，冲高的涨幅在 7% 以上最好，如图 3.46 所示。之后，在分时均线附近横盘振荡。

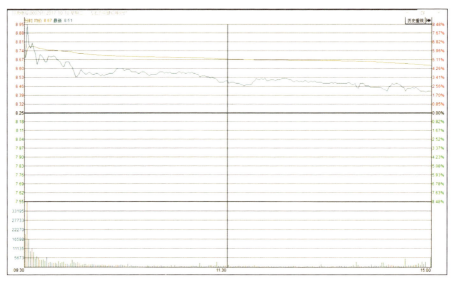

图 3.46　甘肃电投（000791）分时冲高

无法在分时均线附近横盘整理，尾盘在分时均线之下跳水的，如图 3.47 所示，不属于"仙人指路"。

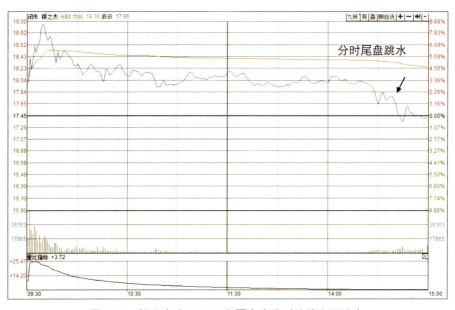

图 3.47　银之杰（300085）尾盘在分时均线之下跳水

3．"仙人指路"的 K 线不分阴阳。如图 3.48、图 3.49 所示。

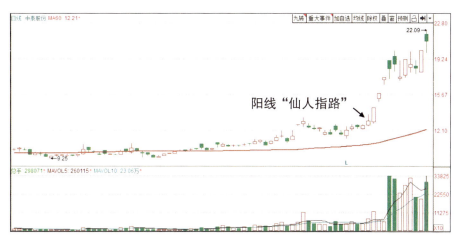

图 3.48　中泰股份（300435）阳线"仙人指路"

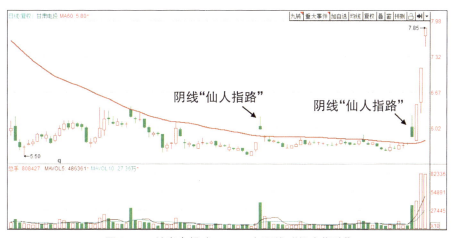

图 3.49　甘肃电投（000791）阴线"仙人指路"

4．"仙人指路"跳出前期整理平台、跳空高开者，更强！如图 3.50。

"仙人指路"分时的拉升高度在 7% 以上的最好，如图 3.52，极端的一种情况是分时涨幅达到涨停板，再开板回落至分时均线附近横盘振荡，即触板震仓。如图 3.53、图 3.55 所示，图 3.54、图 3.56 则是对应日线表现。

图 3.50 百合花（603823）"仙人指路"跳出整理平台

图 3.51 百合花（603823）"仙人指路"分时冲高回落

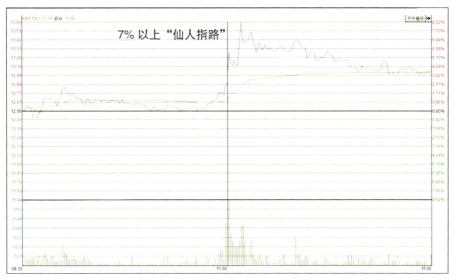

图 3.52　中泰股份（300435）分时涨幅 7% 以上的"仙人指路"

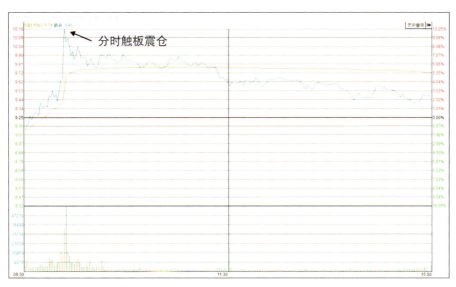

图 3.53　有研新材（600206）分时触板震仓

图 3.54　有研新材（600206）触板震仓之后，行情启动

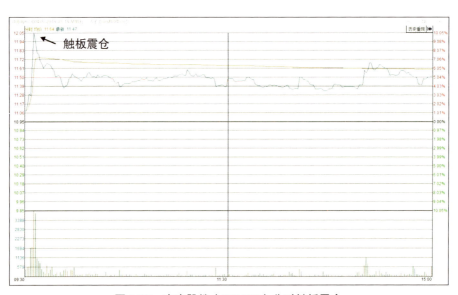

图 3.55　中泰股份（300435）分时触板震仓

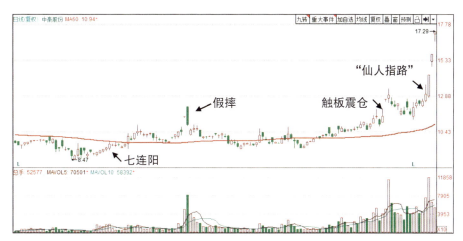

图 3.56　中泰股份（300435）触板震仓之后，行情启动

"仙人指路"可以跌破短期均线（同时跌破 M5、M10），但一定要在 M60 之上。"仙人指路"的换手率在 10% 以内最好，也有稍微放量的，但不可以是巨量。

启动位置是否启动，关键看后继股价能否站稳"仙人指路"的收盘价（或长上影线区域）之上，并进一步封板启动。

由于"仙人指路"是启动之前的试盘动作，因此，一旦试盘结束，个股行情短期内就会启动。

微信扫描二维码，观看作者讲解视频
助您更好地掌握和运用趋势交易体系

第四章 龙头股的股性

第一节 涨停板容易出现的位置和意义

◎ 建仓

主力资金有时候进行建仓抢筹，是以涨停板的形式。如图 4.1、图 4.2、图 4.3 所示。

位置：没有特定位置。

特点：一般都是突发消息，不易抓。

建仓箱体之内的涨停板，多是以建仓为目的。如飞荣达（300602）在启动前的建仓箱体内，就出现过多个涨停板，这些涨停板是以建仓为目的，而且多为烂板。如图 4.4、图 4.5、图 4.6 所示。

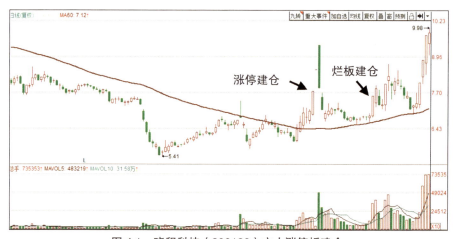

图 4.1 晓程科技（300139）主力涨停板建仓

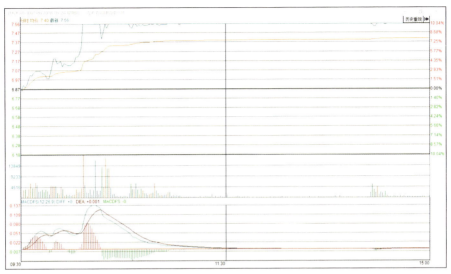

图 4.2　晓程科技（300139）涨停板建仓，分时烂板

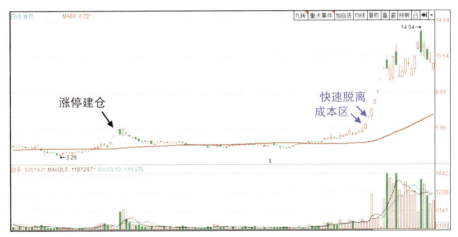

图 4.3　国际实业（000159）涨停板建仓，整理后启动

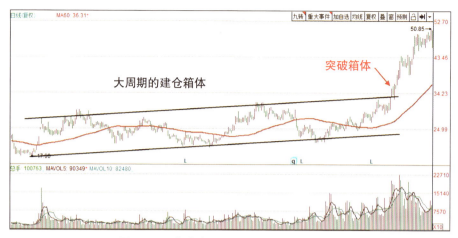

图 4.4　飞荣达（300602）大周期建仓箱体

图 4.5　飞荣达（300602）箱体内的涨停多为烂板

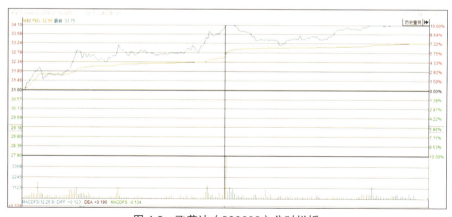

图 4.6　飞荣达（300602）分时烂板

◎ 快速脱离成本区

主力资金在进行建仓洗盘的过程中，洗盘的价格有时会低于主力成本或在主力成本附近。当筹码整理结束，主力需要快速拉升股价，脱离自己的持仓成本区。

位置：建仓、洗盘之后。

特点：主力不会轻易让你拿到便宜的筹码，有难度，但是可以抓到。

如图 4.7 所示，黑色箭头的涨停板，是以建仓为目的。图中突破M60 处、蓝色箭头所示的涨停板，是以建仓洗盘后快速脱离主力成本区为目的。

图 4.7　快速脱离成本区的涨停都是缩量

国际实业（000159）也同样是出现涨停板引发的建仓行为（黑色箭头所示），经过洗盘整理之后，以连续两个缩量的涨停板（蓝色箭头所示）快速脱离主力的成本区。如图 4.8 所示。

需要说明的是：

1. 这类涨停板并不是抓不到，因为前期有了股价和成交量的异动，很容易引起关注，当再次在 M60 附近或 M60 之上冲击涨停时，是相对容易被发现的。

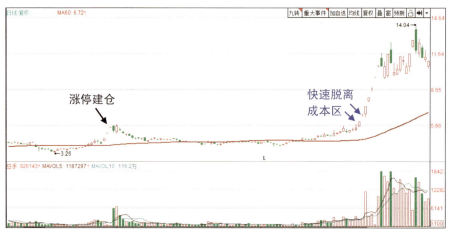

图 4.8 国际实业（000159）涨停板建仓，涨停快速脱离成本区

2.这类涨停板就算及时发现并进场参与，也不要重仓或满仓，打个底仓或半仓即可。因为这是以脱离主力成本区为目的的涨停板，无法确定此类个股后市能否进一步成为龙头股。真正的龙头股，特别是板块当中的龙头股，启动时都需要经过一个充分换手、多空分歧转为一致的过程，有了这个过程，龙头股的股性才能够充分展现出来，那才是我们重点进行加仓的机会。

◎ 龙性初现

龙性初现的特征就是资金与筹码充分换手，由分歧转向一致。

当主力资金完成建仓、洗盘之后，股价也安全地脱离了成本区，真正的龙头股都会有一个资金与筹码进行充分换手的过程，这个过程可以在 1 个交易日内完成，也可以在数个交易日内完成。如图 4.9、图 4.10、图 4.11 所示。通过这个过程，参与龙头股的各路资金"由多空分歧转为一致"最终得以实现。龙头股至此经受住了市场的真正考验，股性在题材、板块、筹码、资金、情绪等多因素共同作用下表现得淋漓尽致！

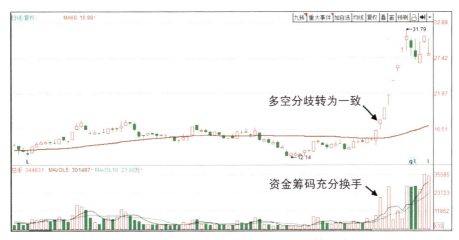

图 4.9　欣天科技（300615）多空分歧转一致

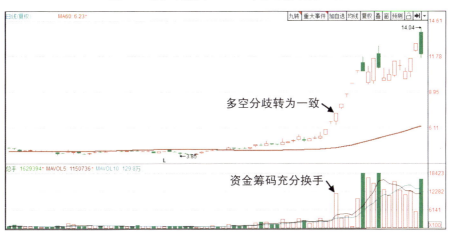

图 4.10　国际实业（000159）1 个交易日完成分歧转一致

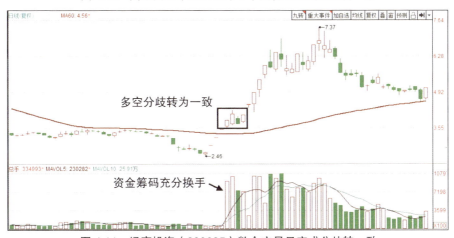

图 4.11　绿庭投资（600695）数个交易日完成分歧转一致

同时，在之后的主升行情中，主力也需要这样"高调"表现，以吸引市场上其他后继投资者的注意和追捧，吸引各路资金共同参与炒作和发酵，协助主力资金在拉升过程中派发筹码。

位置：趋势拐点正式形成，市场出现筹码资金，多空双方充分换手，之后分歧转为一致。

特点：之前是"丑小鸭"，之后是"孔雀开屏"，技术形态已然清晰漂亮。这里有充分的换手机会，只要你识货，主力欢迎你共同参与，与主力共舞。这种涨停板让你抓，重点抓！

◎ 借涨停板出货

位置：行情的高位，多空双方由一致重新出现分歧。如图 4.12、图 4.13 所示。

特点：要弄清位置及真假涨停，不能抓！

◎ 快速回归成本区

下降通道中的操作见《股市趋势交易大师 1：万宗归于趋势》相关章节及本书第七章第四节。

位置：超跌状态。

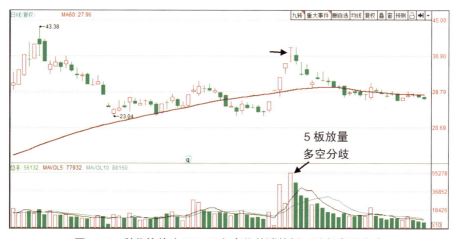

图 4.12　科蓝软件（300663）高位的涨停板，重新出现分歧

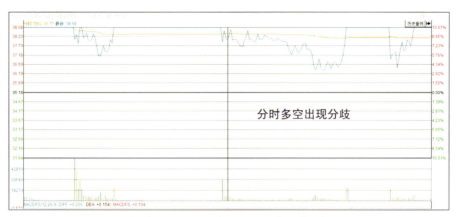

图 4.13　科蓝软件（300663）出现分歧的高位涨停板，分时为烂板

特点：安全、快速获益。主力成本的超跌状态，不想你抓，但是可以抓。

抓涨停板的核心问题是位置！

找对位置，打板操作成功一半！

前面所讲的快速脱离成本区、龙性初现、快速回归成本区等三种情况，都是可以参与抓涨停板的位置，尤其要参与龙性初现的情况。

第二节　龙头股的股性特质

龙头股具有独特的股性特质，散发着强者的气息，彰显着与众不同的气质。

龙头股的股性特质表现为：

1. 主动涨。

2. 不跟涨。

3. 带领板块涨。

如图 4.14、图 4.15 所示，龙头股首板封板的时间非常重要，只有率先封板的个股，才能够引爆所在板块的资金、人气和情绪，激发板块中其他个股的跟涨或助攻行为，最终形成板块联动效应。

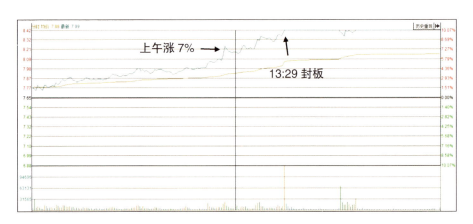

图 4.14　南京证券（601990）龙头股带领板块上涨

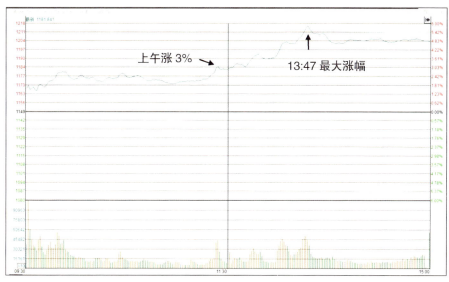

上午涨 3%

13:47 最大涨幅

图 4.15 证券板块指数被龙头股带动、引爆

从 2019 年 12 月 13 日南京证券（601990）与证券板块指数的分时表现，我们可以看到：

1. 南京证券（601990）上午的涨幅达到 7%，领先于板块指数 3% 的涨幅。

2. 13:29 南京证券（601990）封板，先于板块指数涨幅达到峰值，也先于板块中其他个股封板。这就是主动上涨的股性特质。

在南京证券（601990）封板之后，板块中其他强势的个股才逐渐封板，18 分钟之后，证券板块指数的涨幅近 6%，达到峰值，这就是龙头股带领板块指数上涨的股性特质。

同日，国泰君安（601211）上午的涨幅只有 1.5%，低于板块指数的涨幅，下午峰值涨幅只有 3%，不仅没有封板，还远低于证券板块指数的涨幅，如图 4.16 所示，这就是被动跟涨的弱势股表现。

在涨幅榜中，涨停的个股不一定都是龙头股，但是，龙头股一定具有容易涨停的股性特质。如果行情尚未终结，一旦再次启动拉升，龙头股多出现涨停板。如图 4.17。

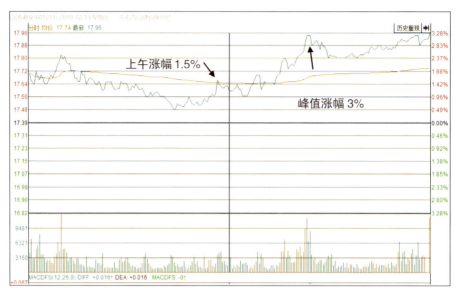

图 4.16　国泰君安（601211）非龙头股，被动跟涨

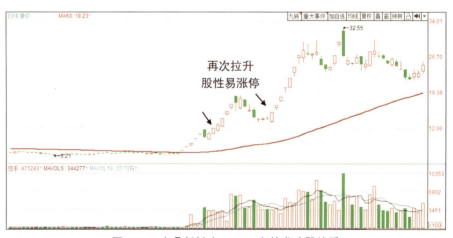

图 4.17　九鼎新材（002201）的龙头股特质

◎ 强者恒强

强者恒强的表现有二：

1. 当拉升时，龙头股在板块中涨幅最大，往往是涨停板。

2. 当回调时，龙头股往往最抗跌，以上涨或横盘来代替下跌。

　　具有这种股性特质的个股，往往是板块中的龙头股。

　　短线交易更应该重"势"，而不是基本面。因为"势"是股性的体现，股性本质是市场上资金、情绪和题材共同发酵的结果。真正的龙头股，就是"势"的载体和完美展现。

　　在笔者的短线交易体系中，有一条重要的选股交易原则：宁愿高攀强者，绝不低就弱者！

　　龙头股是短期内快速拉升，并且涨幅巨大的个股；慢牛股是长周期处于上升通道，虽然单日涨幅不大但长期累计涨幅巨大的个股。龙头股易涨停，慢牛股涨不停，这两种风格的个股，都是我们要发掘的标的。

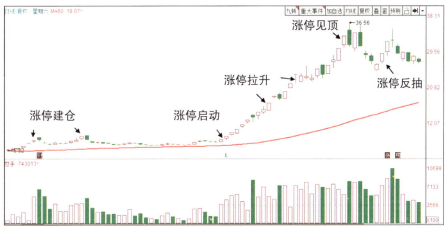

图 4.18　星期六（002291）龙头股

◎ 龙头股在每天的涨停榜

　　面对几千只股票，到哪里去寻找热门板块和龙头股呢？答案是每天的涨停榜。

　　龙头股多因利好刺激和资金运作引爆上涨行情，容易涨停的个股是众多投资者比较感兴趣和密切关注的，也是我们要去重点发掘和操作的。如果一只个股在之前的运作中反复多次出现涨停，说明这只个股的股性特质是易涨停，如果其上涨趋势尚未终结，一旦再次拉升，多习惯以涨停板的形式出现，具有这种股性特质的个股，往往是龙头股。如图4.18，星期六（002291）在建仓、启动、拉升、筑顶以及之后的反抽等各个阶段，涨停板处处可见。

想要快速进步，每天收盘后进行复盘和记录操盘日记是必不可少的功课，对于出现异动的板块和涨停个股，需要进行重点关注和密切跟踪，尤其是具有板块联动效应的涨停板。

需要说明的是，涨停榜中的个股不一定都是龙头股，但是龙头股大部分都潜伏在涨停榜中，每天的涨停榜是最天然的股票池，供我们去发现和挖掘。

◎ 龙头股的买入时机在于确定性

关于龙头股买入的操作，需要确定以下几个问题：

1. 确定真正的启动。

2. 确定题材的级别和持续性。

3. 确定明确的板块联动效应。

4. 确定启动及拉升过程的量能配合和题材发酵。

关于量能的配合和题材的发酵，大部分情况下无法从启动初始得以确定，除非像雄安、科创板、金融供给侧改革、5G 相关等格局较大的题材概念。大多数龙头股都是经受了市场的考验后，逐渐竞争出来

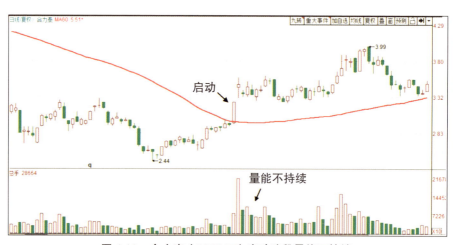

图 4.19 合力泰（002217）启动阶段量能不持续

的，所以说，龙头股都是逐渐从市场分歧中走出来的。

像合力泰（002217）在启动时以涨停的形式突破 M60，成交量也明显放大，但是之后的量能没有持续性，如图 4.19 所示，这样的量能是无法有效开启上升通道的。

◎ 区分真假涨停及涨停出现的位置

涨停是个股强势的特征，但并非所有涨停都意味着个股后市的行情必然强劲持续。涨停板出现在不同的位置，对应不同的量能、不同的分时表现、不同的市场情绪氛围等，意义就会完全不同。某些涨停板不但不是个股强势的表现，相反还是潜在的危险信号和陷阱，因此，我们需要对不同含义的涨停板进行区分和辨别。

1. 下降通道中的涨停

在破位之后的下降通道中，突然出现的涨停板多为超跌反弹，如图 4.20 所示，这是对较大跌幅的技术性修复，这种"反抽"式涨停往往昙花一现，后市行情多不能持续，反弹至成交量放大之后，行情基本结束。下降通道中出现涨停板，千万不要盲目进场抄底，极易被套牢。

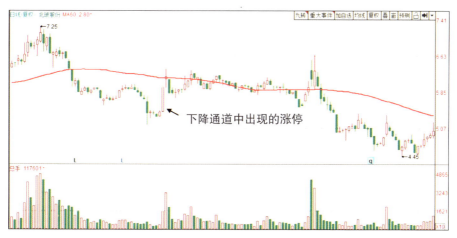

图 4.20　下降通道中出现的涨停不具持续性

2. 头部区间的涨停

在头部区间也常常会出现涨停板，有时候主力资金会利用涨停板进行出货，所以在头部区间买入涨停板是风险较高的。如何判断哪些涨停是头部区间呢？主要方法是看分歧，即多空双方在高位产生分歧，换手率和成交量都明显放大，分时伴有巨大振幅。

高位的涨停哪怕最终封板，也不能进行买入操作，相反应该卖出。如"双子顶"的涨停板（图 4.21）、假涨停、"该涨不涨"的涨停板等，这些常常是主力借假突破进行出货的惯用手法。

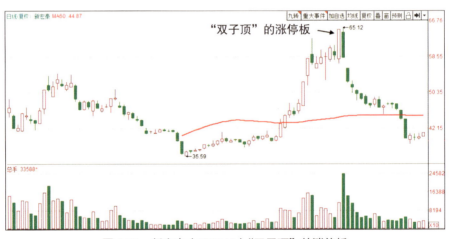

图 4.21　新宏泰（603016）"双子顶"的涨停板

3. 启动位置的涨停

有效突破 M60、"空中加油"的末端、T 板启动、N 板启动（如图 4.22）等位置，这些涨停一般都是真实可靠的，是上升通道开启的明确标志。

4. 主升行情中的涨停

在上升通道开启之后，主升行情中出现涨停板表明个股的股性很强，主力加速拉升。如图 4.23 所示。

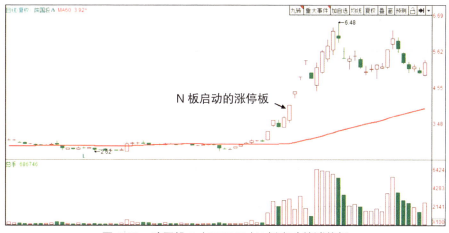

图 4.22　陕国投 A（000563）N 板启动的涨停板

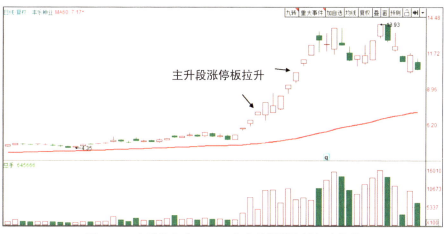

图 4.23　丰乐种业（000713）主升段涨停板加速拉升

◎ 抓涨停的注意事项

所谓的"打板"操作，不是单纯看到涨停板就进行买入这么简单，而是有一整套短线交易的系统理论和方法。《股市趋势交易大师1：万宗归于趋势》一书主要传输的是趋势的基本理念，是趋势交易的基础内容，也是最重要的内容。有了基础，才能够更加深入地了解趋势交易的理念、方法和体系，而短线模型的交易体系主要在本书中进行系统阐述。

1.抓涨停需要确定性

抓涨停最重要的是位置以及确定性，明确了这两点，抓涨停的操作就成功了一半。

有些人抓涨停板，开盘见到即将涨停的个股便不假思索马上买入，由于尚未出现确定性，这样是很容易上当受骗的。有关"确定性"的重要性，以下面两只个股为例进行简单说明。

在笔者的短线交易体系中，有一种技术叫"一字板转T板"买入法，这个方法买入的确定性是分时出现分歧转一致。基蛋生物（603387）和深华发A（000020）同样是在两个一字板后出现分歧。如图4.24，图4.25所示。

从分时图中我们可以看到二者的不同，基蛋生物（603387）开盘后出现明显分歧，之后封板，分歧转为一致，此时确定性买点出现，是进行买入的信号。深华发A（000020）开盘后不久也出现了分歧，但是截至收盘，始终没有看到分歧转为一致的信号，即始终未出现确定性买点。

如果两只个股在集合竞价时就挂涨停价格进行买入，是错误的；

图 4.24　深华发 A（000020）一字板后出现分歧

图 4.25 基蛋生物（603387）一字板后出现分歧

深华发 A（000020）"分歧"后未出现"转一致"之前进行买入，也是错误的，如图 4.26 所示。只有基蛋生物（603387）分歧转一致、出现确定性买点后介入，才是正确的。如图 4.27 所示。

因此，我们在实际操作当中，应该多观察，少动手，分析主力的

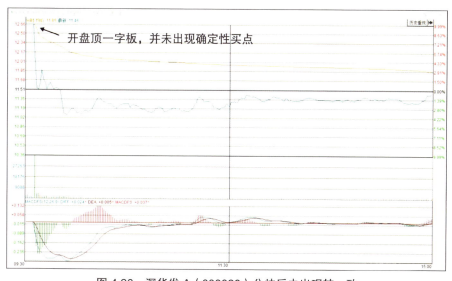

图 4.26 深华发 A（000020）分歧后未出现转一致

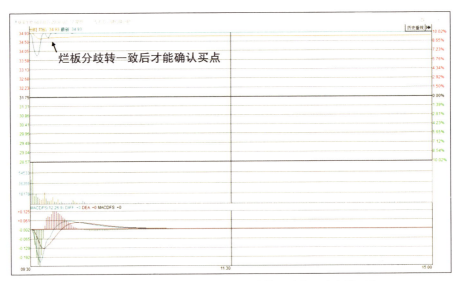

图 4.27　基蛋生物（603387）分歧转一致出现确定性买点

真实意图，耐心等待确定性出现再动手。有时候宁可谨慎踏空，也不要冒失进场。没有安全的、确定性的买点，宁可暂时不参与。

打板操作最忌讳的就是买入半路板，如图 4.28 所示。

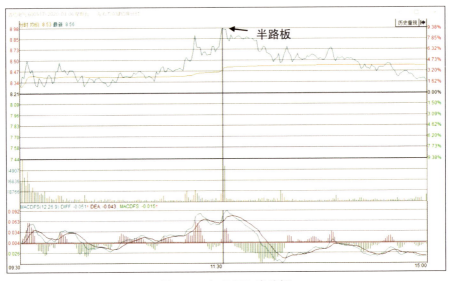

图 4.28　切忌买入半路板

2. 识别假涨停，制定止损计划

任何买入操作，都应该事先设好止损条件，抓涨停的止损标准就是该涨（停）不涨（停），立即出场。假涨停多见于主力有效突破的决心和能力不足，或是诱多出货，应该充分识别再进场参与。

"该涨（停）不涨（停）"包括以下几种情况。

（1）关键位置收了大阳线，而不是涨停板。

（2）尾盘拉涨停。

（3）涨停板收盘前，封板的买单极少，只有几百或上千手。

（4）封住涨停板之后，在收盘前开板的。

（5）高位出现烂板。

第五章　T 板模型和 N 板模型

第一节 涨停板的分时形态

◎ 分时形和量的技术要求

1. 分时形态

一笔拉升，如图 5.1 所示。

两笔拉升，如图 5.2 所示。

2. 分时量柱

分时拉升对应着孤立、高耸的量柱，如图 5.3 所示。

分时拉升的前后都有堆量，像灌木丛，又宽又矮，爆发力不强，是不健康的量能。如图 5.4 所示。

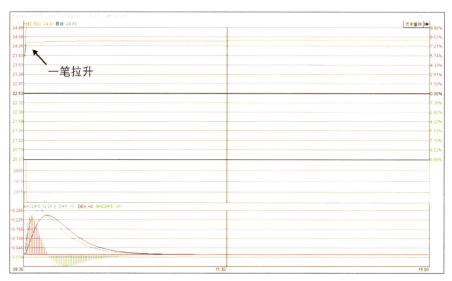

图 5.1 维宏股份（300508）分时一笔拉升形态

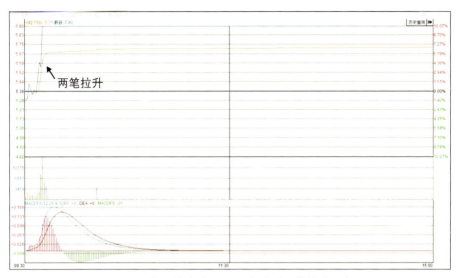

图 5.2 邦讯技术（300312）分时两笔拉升形态

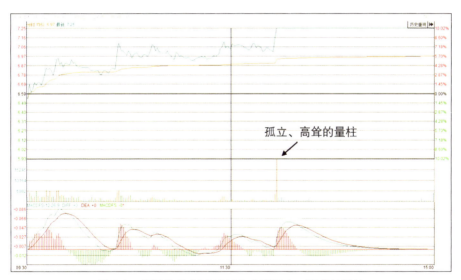

图 5.3 邦讯技术（300312）分时孤立、高耸的量柱

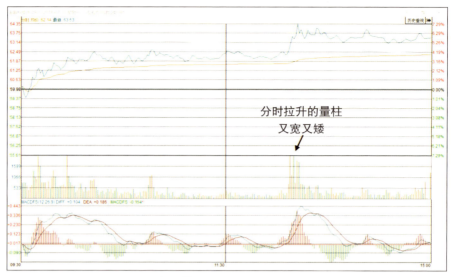

图 5.4　盈趣科技（002925）分时灌木丛式量柱

◎ 分时形和量的完美配合

形：一笔拉升或两笔拉升。

量：对应着孤立、高耸的量柱，前后均无杂量、堆量。

形和量要同时达到标准，如图 5.5、图 5.6 所示。

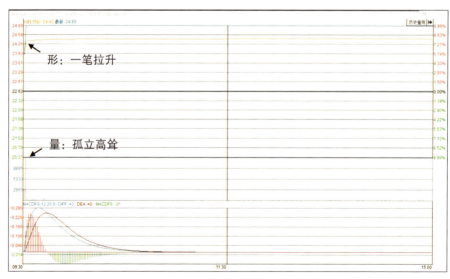

图 5.5　维宏股份（300508）分时形和量柱完美配合

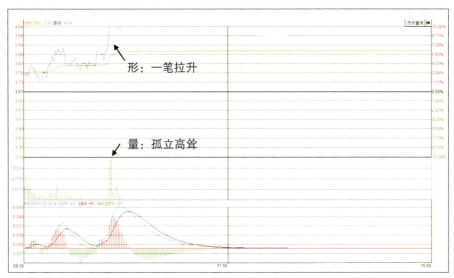

图 5.6 绿庭投资（600695）分时形和量柱完美配合

分时走势的好坏，只能判断当天能否封住涨停，而不能预示后市的强弱及持续性。例如，邦讯技术（300312）2018年8月13日的涨停板分时形态很好，如图5.7，只能表明当天大概率封板，却不能预示后市继续走强，结果是次日（8月14日）就开板了，如图5.8所示。

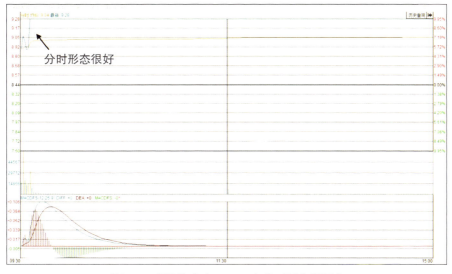

图 5.7 邦讯技术（300312）分时形态很漂亮

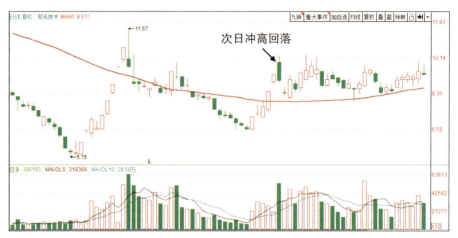

图 5.8　邦讯技术（300312）前一日涨停分时表现，无法预示后市强弱

　　最常见的涨停板启动模型可分为 T 板模型和 N 板模型。二者的本质都是资金与筹码充分换手、多空分歧转为一致。区别在于换手的过程，T 板模型是在 1 个交易日内完成，N 板模型一般是在 2 至 6 个交易日内完成。

第二节　T板模型

◎ T板模型的技术要点

1. 往往是从底部直接拉起。

2. M60附近或之上形成"T"形K线的涨停板。如图5.9所示。

3. T板的技术特征是低位烂板。如图5.10所示。

（1）低位烂板的分时，表现为盘中反复开板，但最终封板收盘。

（2）烂板分时缺口越来越小，表明换手中分歧正在逐渐减弱。

（3）低位烂板多出现在由底部直接启动的第二个或第三个涨停板的位置，二板最常见，在二板进行换手还是在三板换手，主要取决于同期大盘环境与题材的火爆程度，如图5.11所示。

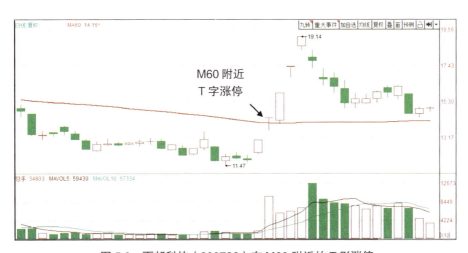

图5.9　百邦科技（300736）在M60附近的T形涨停

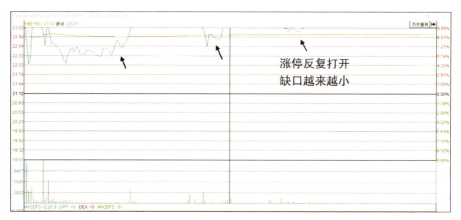

图 5.10 百邦科技（300736）标准烂板的分时表现

图 5.11 国际实业（000159）三板烂板换手

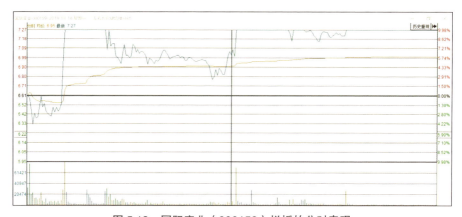

图 5.12 国际实业（000159）烂板的分时表现

由于大盘火爆，国际实业（000159）在三板完成T板换手及成交量反转。

4. T板的量能较前一日涨停板的量能明显放大。

T板的成交量一定要呈现"爆量"，表明当日盘中多空双方发生严重分歧，分歧之后又趋同一致看多。体现在盘面上，T板当日明显放量，甚至要超过该股此前所有的日成交量，实现日成交量反转。成交量的这种特征，表明市场上的看多资金不计成本去解放套牢盘和获利筹码，将筹码尽收囊中，也反映出主力资金的实力和做多决心。最后，在多空双方的博弈中，多方最终胜出，以涨停封板收盘，分歧最终转为一致。如图5.13所示。也可以看作个股主力释放一部分筹码，与市场上各路资金共同参与、拉升，形成合力，引爆市场人气和情绪。

图5.13 百邦科技（300736）T板成交量反转

5. T板启动之前，筹码没有经过充分整理，往往在二板或三板的位置，进行资金筹码的充分换手。

6. 虽然有一些低位烂板的日K线没有收成"T"字形态，但其本质上是一样的，即在启动位置充分换手，最终多空双方由分歧转为一致。

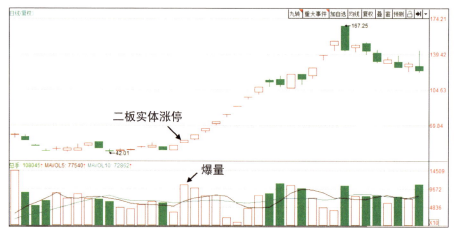

图 5.14 万兴科技（300624）非"T"字形的 T 板，本质上一样

图 5.15 万兴科技（300624）T 板的本质是多空分歧转一致

例如，万兴科技（300624）的二板是一个实体涨停板，而非"T"字形涨停板，如图 5.14。但是其分时仍然是烂板，成交量实现爆量，最终封板收盘，如图 5.15 所示。本质上同属于筹码充分换手、多空双方分歧转为一致。

永和智控（002795）也是从底部以 T 板形式启动的，如图 5.16、图 5.17 所示。三板是正常缩量加速拉升，但是，在第四板的位置又重新走了分时烂板，成交再次爆量，如图 5.18、图 5.19 所示，经历了两次分歧转一致。

5.16 永和智控（002795）二板本质上是T板，完成充分换手

图 5.17 永和智控（002795）T板分时充分换手，之后转为一致

图 5.18 永和智控（002795）日线出现两次爆量换手

图 5.19　永和智控（002795）分时烂板，爆量充分换手

7. 烂板的性质，由其所处的位置决定。

高位烂板多出现在启动后的第四或第五个涨停板（或者更高），往往是多空双方由一致重新产生分歧、低位筹码松动的信号。

如果大盘情绪持续火爆，也有五板以上的烂板（仍然保持健康的换手）继续上涨的案例，这种情况仅仅存在于市场总龙头身上，如图 5.20、图 5.21、图 5.22 所示。

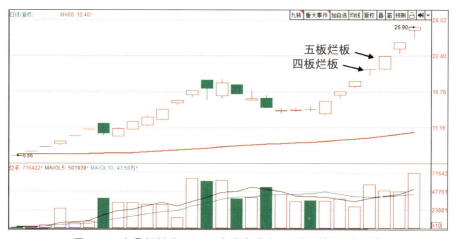

图 5.20　九鼎新材（002201）大盘稳定，五板烂板继续上涨

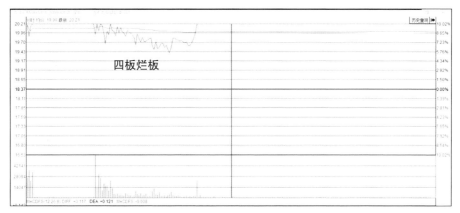

图 5.21　九鼎新材（002201）四板烂板，换手健康

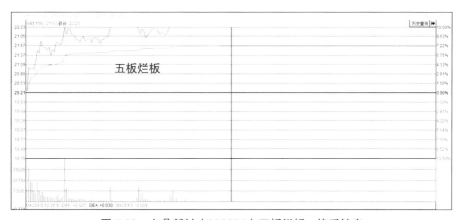

图 5.22　九鼎新材（002201）五板烂板，换手健康

如果在五板或五板以上，出现换手不健康，如德新交运（603032）的五板，那么行情就会很快结束。如图 5.23。

8. 一字板转 T 板，也属于 T 板启动。

有些强势个股从底部启动，以连续一字板的形式上涨，这种技术形态和运作方式，因为从一启动就没有经过换手，后市行情不可靠，同时也不存在实质性的交易机会。

但是，当个股在一字板运行的过程中，实现了筹码的充分换手，就给我们创造了一个进场参与的机会。出现成交量爆量、筹码换手之后，对于短线投资者来说，之前底部的连续一字板可以忽略不计，真正的起

图 5.23　德新交运（603032）五板烂板，换手不健康

点从筹码换手成功开始。

一字板模型的启动，可以由"一字板转 T 板"启动，也可以由"一字板转 N 板"启动，这两种模型能否参与，换手之后能够走多远，主要取决于同期的大盘环境和题材的大小。

另外，换手之前的一字板不能太少，3 个一字板以内就开板换手的个股，往往不强势，4 至 5 个一字板之后再进行换手的个股，股性要强得多。

图 5.24　深赛格（000058）"一"转"T"的本质还是充分换手

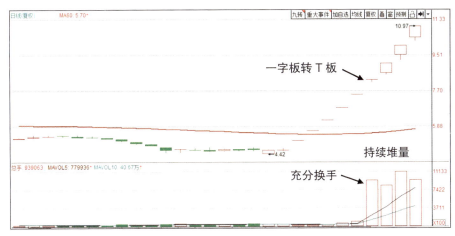

图5.25　深赛格（000058）一字板转T板成功

深赛格（000058）是一字板转T板启动的案例，成功实现换手之后，持续堆量连板上涨，每日换手维持健康量能。如图5.25所示。

岷江水电（600131）同样是一字板转T板启动的案例，如图5.26、图5.27所示。赚钱效应也还不错，但是总体的走势不如深赛格（000058）顺畅，除了大盘和题材因素之外，岷江水电（600131）的成交量在"一"转"T"爆量之后，没有以持续堆量上行，量能不如深赛格（000058）健康。

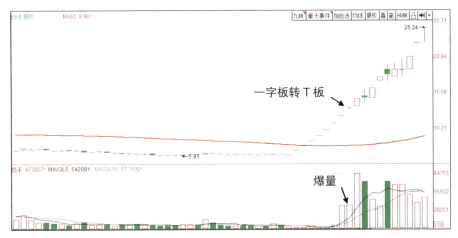

图5.26　岷江水电（600131）一字板转T板启动

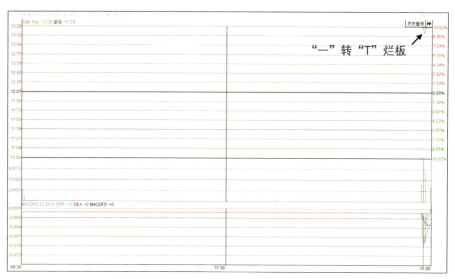

图 5.27　岷江水电（600131）"一"转"T"分时烂板

一汽夏利（000927）也有一字板转 T 板的动作，不过最后以失败告终，最终没有成功实现多空分歧转一致。如图 5.28、图 5.29 所示。

图 5.28　一汽夏利（000927）一字板转 T 板失败

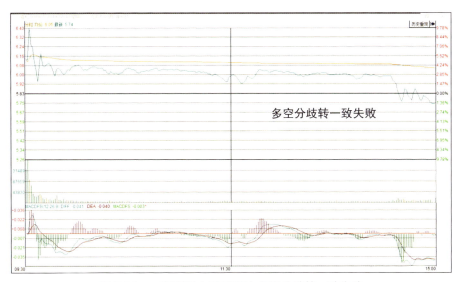

图 5.29　一汽夏利（000927）多空分歧转一致失败

第三节 N 板模型

N 板模型也是笔者打板操作中经常用到的一种短线模型，主要有以下技术要点：一、拉升至 M60 之上搭建换手平台。二、换手平台要短。三、回踩的均线周期要短。四、换手平台要持续堆量。五、换手后有启动信号。六、一字板转 N 板启动。

◎ 拉升至 M60 之上搭建换手平台

N 板模型一般是缩量涨停拉升至 M60 之上，再搭建换手平台充分补量换手。如图 5.30 所示。

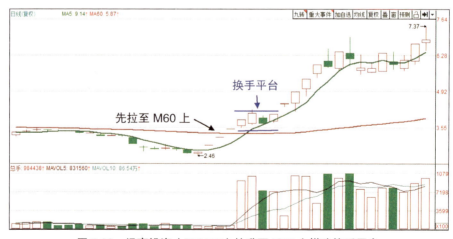

图 5.30　绿庭投资（600695）拉升至 M60 上搭建换手平台

◎ 换手平台要短

N 板的换手平台要短，强势股的换手平台一般不能超过 6 个交易日，

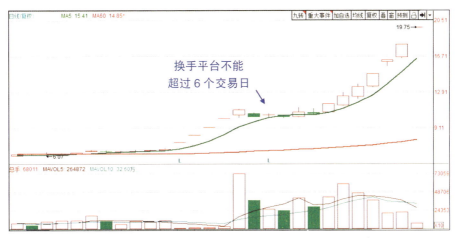

图 5.31 四川双马（000935）N 板的换手平台不超过 6 日

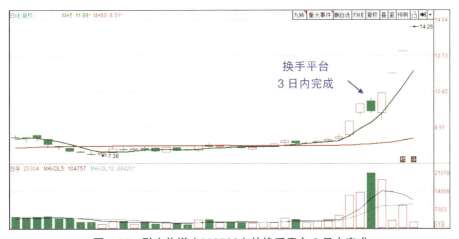

图 5.32 引力传媒（603598）的换手平台 3 日内完成

龙头股的换手平台必须在 3 个交易日内完成。如图 5.31、图 5.32 所示。

◎ 回踩的均线周期越短越好

完成换手过程中，回踩短周期均线优于回踩长周期均线，回踩 M5 的个股股性要强于回踩 M10 的个股。如果大盘环境稳定，龙头股一般只回踩 M5。如图 5.33、图 5.34 所示。

图 5.33　陕国投 A（000563）的换手平台只回踩 M5

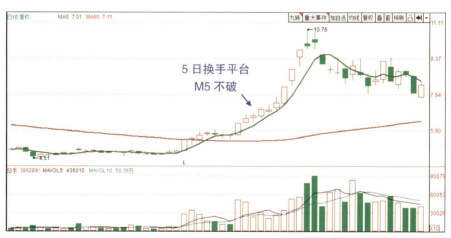

图 5.34　建新股份（300107）换手平台回踩 M5 是股性强的表现

◎ 换手平台要持续堆量

　　换手平台的成交量需要持续堆量，才能够保障资金和筹码实现充分换手。如图 5.35、图 5.36 所示。

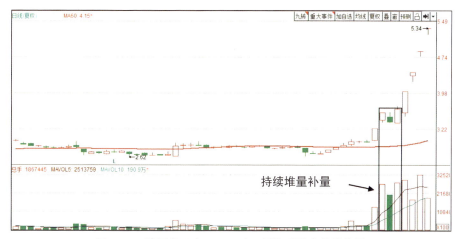

图 5.35　陕国投 A（000563）N 板换手平台持续堆量

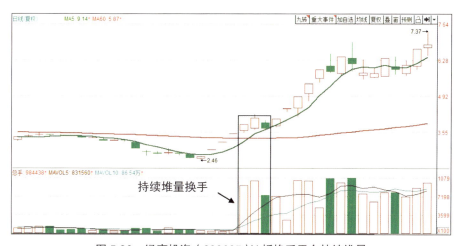

图 5.36　绿庭投资（600695）N 板换手平台持续堆量

◎ 换手后有启动信号

换手完成之后，以涨停板为信号，开始启动。如图 5.37 所示。

◎ 一字板转 N 板启动

一字板模型也可以转 N 板启动。如图 5.38、图 5.39 所示。

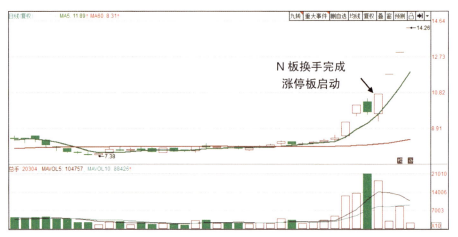

图 5.37　引力传媒（603598）换手完成，涨停板为启动信号

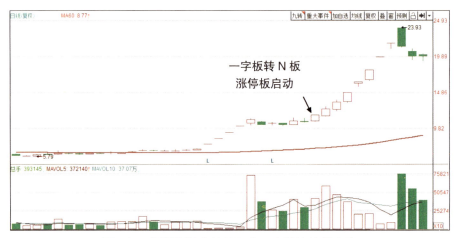

图 5.38　四川双马（000935）一字板转 N 板启动

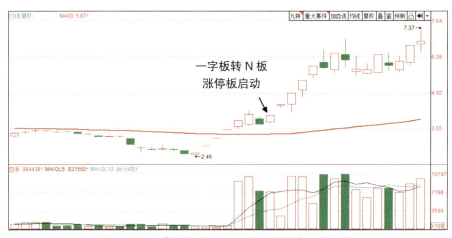

图 5.39　绿庭投资（600695）一字板转 N 板启动

第四节　龙头股拉升过程中的堆量换手

拉升之前，如果没有长期建仓、洗盘行为，筹码没有经过整理，突然爆发题材暴力启动时，成交量都是持续堆量的，T板模型和N板模型都是如此。持续堆量的过程，就是实现和完成资金筹码充分换手的过程。

◎ 持续堆量的优先级

龙头股拉升过程，首选持续堆量换手、成交量不变或者小幅放大的，如图5.40、图5.41所示；次选经历换手之后，拉升过程中成交量逐渐缩量涨停的，如图5.42所示；再次选成交量连续无量涨停板拉升；最差的是分歧转一致之后又出现放量的，如图5.43所示。

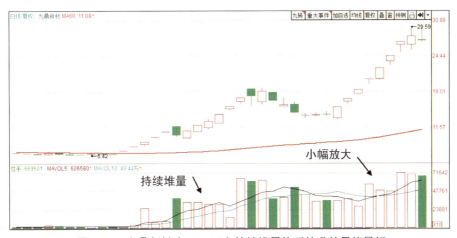

图 5.40　九鼎新材（002201）持续堆量换手拉升的量能最好

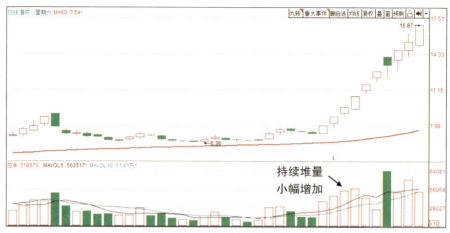

图 5.41 星期六（002291）持续堆量换手拉升的量能最好

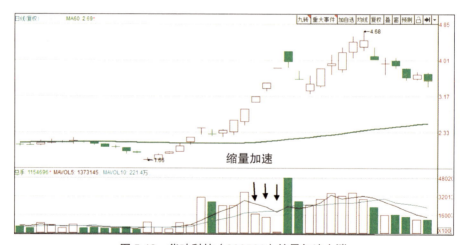

图 5.42 华映科技（000536）缩量加速上涨

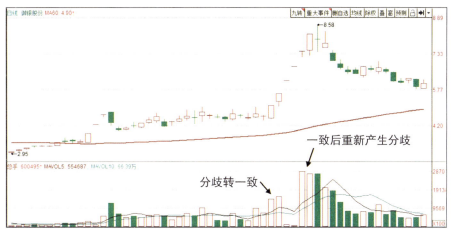

图 5.43　御银股份（002177）成交量由一致重新产生分歧

　　同一板块中，通过成交量指标进行选股，首选持续堆量或小幅放量拉升的个股。例如，深圳板块中的深大通（000038）在启动、拉升过程中的量能，要优于缩量一字板拉升的深赛格（000058），如图 5.44、图 5.45。

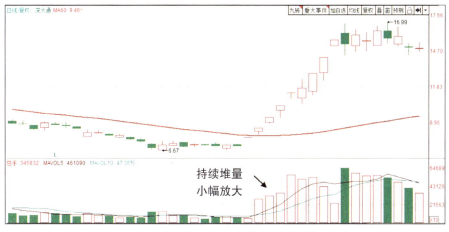

图 5.44　深大通（000038）持续堆量上涨更健康

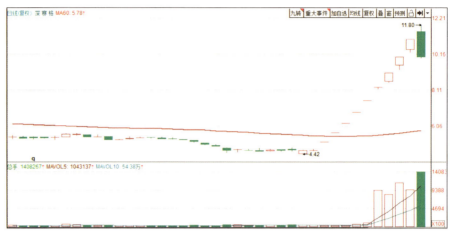

图 5.45　深赛格（000058）连续无量不好，"一"转"T"之后持续堆量

◎ T 板模型和 N 板模型的交易原则

　　T 板模型是日内进行换手，因此换手日是最关键的，多见于二板或三板，加仓应该在换手板进行。即便首板有买入的机会，也应该配置底仓的仓位，因为龙头股的特质体现在换手板上，只有换手板出现，才能够精准锁定龙头股进行加仓。

　　N 板模型是通过补量平台进行充分换手的，一旦换手完成，以涨停板启动，信号就非常明确了。因此，换手平台后的首板就可以进场参与了。

　　买入的信号无非就是三个字——确定性！不管是建底仓还是加仓，都要讲究精准可靠的确定性。

第六章　连板启动及妖股基因

<h1 style="color:orange; text-align:center">第一节　连板启动</h1>

在启动的位置，以连板形式启动的个股股性更强。

1.首板要重点关注板块中率先封板的个股，即在时间和人气上占有先机、领先于同板块其他未涨停个股。同一板块中，率先封板的前三名都要关注。

首封个股能够带动整个板块，这一点很重要！

2.连板的二板，尤其是板块中率先形成连板的个股，龙头股性特质明确、突出！

◎ 连板启动中的二板形态

1.二板为强势板

快速强势封板，但未经换手，后市还必须要经历一个充分换手的过程。

图 6.1　国际实业（000159）二板强势板，没有充分换手动作

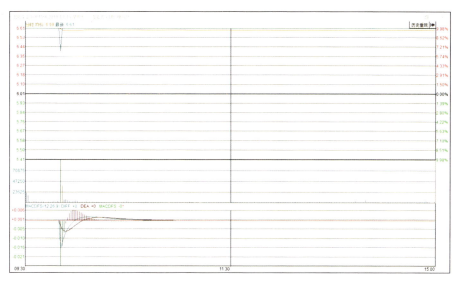

图 6.2　国际实业（000159）分时虽是烂板，但没有充分换手

　　国际实业（000159）是底部连板启动的，二板分时虽然是烂板形态，但成交量没有体现充分换手，实质上是一个强势板，如图 6.1、图 6.2 所示。

　　这种连板启动虽然强势，但是没有经过充分换手，后继行情想要更加健康地持续，必须有一个充分换手的动作和过程。之后，国际

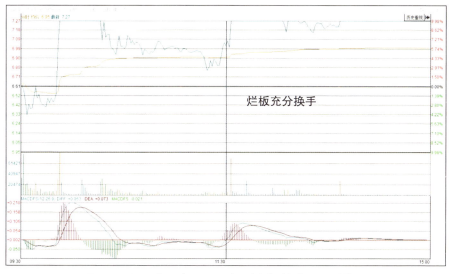

图 6.3　国际实业（000159）三板分时烂板，充分换手

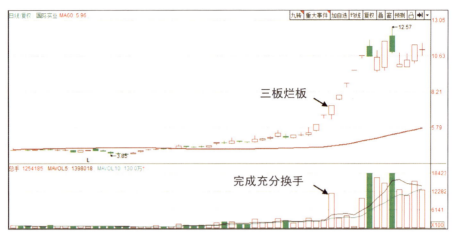

图 6.4 国际实业（000159）三板换手成功，龙头特质显现

实业（000159）通过三板的分时烂板最终实现了充分换手，成为板块中的龙头，如图 6.3、图 6.4 所示。

2. 二板为 T 板

低位烂板，二板充分换手。如图 6.5、图 6.6、图 6.7 所示。

图 6.5 丰乐种业（000713）二板充分换手的连板启动

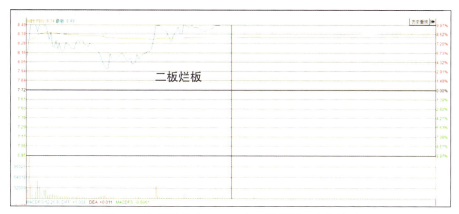

图 6.6　丰乐种业（000713）二板烂板，充分换手

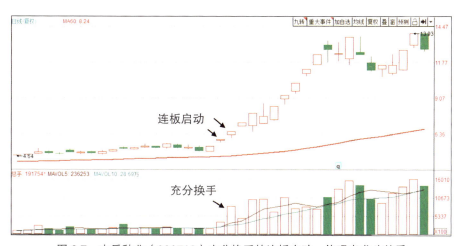

图 6.7　丰乐种业（000713）充分换手的连板启动，体现出龙头特质

丰乐种业（000713）是在 M60 之上连板启动的，二板是低位烂板，完成了充分换手、多空分歧转一致，集龙头的股性特质于一身！

3. 二板为触板震仓

强势表现，有换手行为。如图 6.8 所示。

御银股份（002177）连板启动的二板是触板震仓，触板震仓的分时首先要有一个冲涨停触板的动作，但是不封板。随后回落，待完成一定的换手补量之后，再次冲板回封，具有这种分时表现的股性一般很强。如图 6.9 所示。

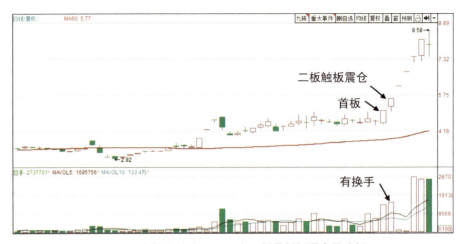

图 6.8 御银股份（002177）二板是触板震仓的连板

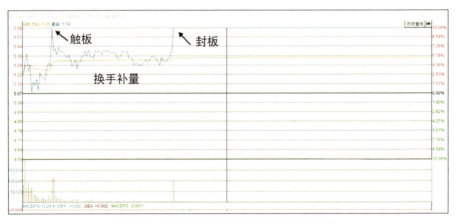

图 6.9 御银股份（002177）分时触板震仓

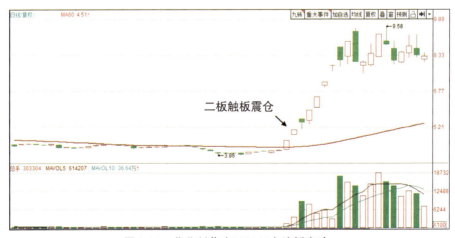

图 6.10 华北制药（600812）连板启动

华北制药（600812）连板启动，二板同样是触板震仓。如图 6.10、图 6.11 所示。

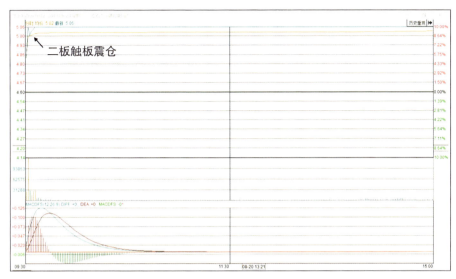

图 6.11 华北制药（600812）二板触板震仓

第二节　妖股基因

同时具备以下四个条件的个股，往往容易成为妖股，如图 6.12、图 6.13 所示。

1. M60 之上，连板启动。

2. 低位（二板或三板）完成充分换手、多空分歧转一致。

3. 换手后创前期整理平台新高。

4. 日线、周线 M60 共振启动。即日线级别突破日线 M60，同时周线级别突破周线 M60。

对于日线、周线的关系和应用，笔者的习惯是：趋势看周线，交易看日线。

丰乐种业（000713）日线、周线 M60 共振启动，日线连板启动，日线首板创前期整理平台新高，二板完成换手。

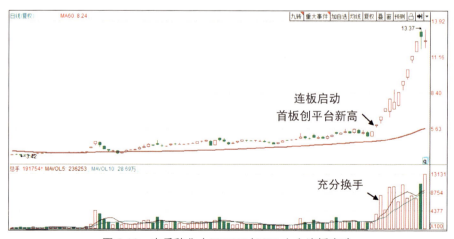

图 6.12　丰乐种业（000713）M60 之上连板启动

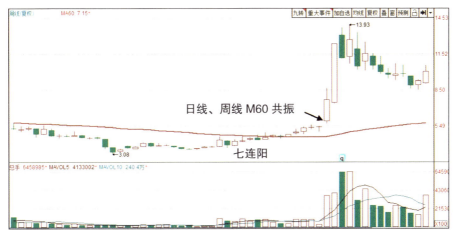

图 6.13　丰乐种业（000713）日线、周线 M60 共振启动

电魂网络（603258）日线、周线 M60 共振启动，日线连板启动，日线二板创前期整理平台新高，三板完成换手。如图 6.14、图 6.15 所示。

欣天科技（300615）日线、周线 M60 共振启动，日线连板启动，日线三板创前期整理平台新高，二板完成换手。如图 6.16、图 6.17 所示。

图 6.14　电魂网络（603258）连板启动，二板创前期平台新高

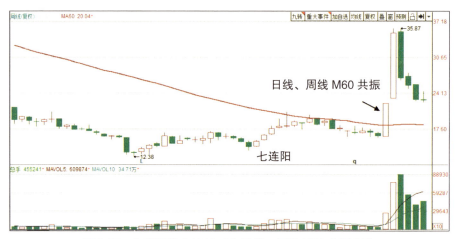

图 6.15　电魂网络（603258）日线、周线 M60 共振启动

图 6.16　欣天科技（300615）连板启动，三板创前平台新高

图 6.17　欣天科技（300615）日线、周线 M60 共振启动

第三节　高度龙头和换手龙头

在板块效应中，根据其意义和运行方式的不同，可分为高度龙头（持续一字板涨停）和换手龙头（持续换手涨停）两类龙头股。这两类龙头（尤其是高度龙头），在启动及拉升过程中不可断板。

也有一字板换手成功转为T板模型，实现高度龙头转为换手龙头。

高度龙头，又可以称为人气龙头，顾名思义，这类龙头股是用来打造板块人气和板块未来上涨高度的。

高度龙头在拉升运作过程中，基本上是持续缩量一字板。虽然高度龙头没有实质性的交易意义，但是其对板块的整体运作和激发、凝聚人气，具有重要意义。

高度龙头的涨停板个数，基本限制和决定了整个板块的拉升高度。如果高度龙头断板，那么整个板块的行情也就基本接近尾声了。

例如，青蒿素板块中的昆药集团（600422），是该板块中的高度龙头股。其一字板完整地运行了四个交易日，从第五个交易日开始冲高断板，决定并限制了同板块中其他个股的上涨高度。如图 6.18 所示。

同板块的换手龙头股是润都股份（002923），其上涨周期和高度被限制在昆药集团（600422）的周期和高度之内。如图 6.19 所示。

换手龙头由于在启动阶段就完成了充分换手、多空分歧转一致的过程。因此，换手龙头的拉升更加健康、可靠。

换手龙头在启动阶段及拉升过程中，能够提供充分的换手机会，让我们识别锁定并及时上车。因此，换手龙头股才是我们应该重点挖掘和参与交易的对象！

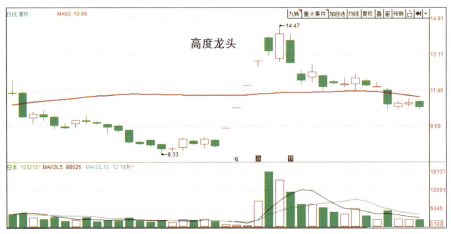

图 6.18　昆药集团（600422）是板块中的高度龙头

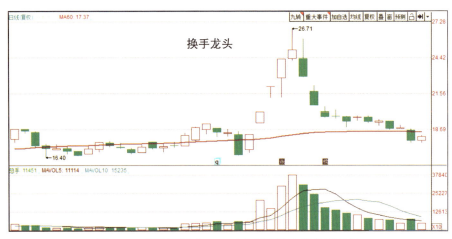

图 6.19　润都股份（002923）是板块中的换手龙头

　　换手龙头受高度龙头的景气周期所限，一旦高度龙头断板，换手龙头就很难独善其身。因此，我们的交易原则是必须盯紧高度龙头交易换手龙头，高度龙头断板，是卖出换手龙头的重要参考指标。

　　2018 年的创投行情中，市北高新（600604）是板块中的高度龙头，如图 6.20 所示；鲁信创投（600783）是板块中的换手龙头，如图 6.21 所示。

市北高新（600604）决定了整个创投板块的景气周期和高度，鲁信创投（600783）生存在市北高新（600604）的景气周期当中，上涨周期和高度受到其限制。

鲁信创投（600783）在启动阶段完成了充分换手的过程，给出了识别、锁定并及时上车的机会，因此是我们应该重点参与的对象。

2018 年 11 月 20 日，市北高新（600604）的分时出现高位烂板，如

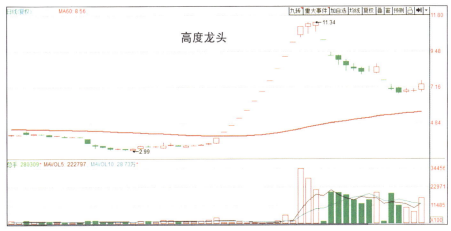

图 6.20　市北高新（600604）作为高度龙头引领板块高度和市场热度

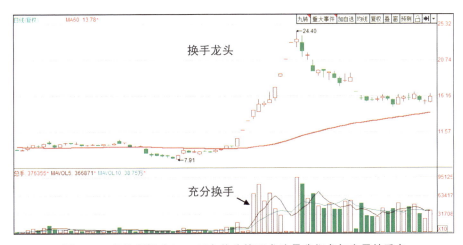

图 6.21　鲁信创投（600783）作为换手龙头是我们参与交易的重点

图 6.22 所示。同一日鲁信创投（600783）的分时形态更弱，如图 6.23 所示，并出现了筹码松动。高度龙头的分时筹码松动，换手龙头的分时表现更弱。

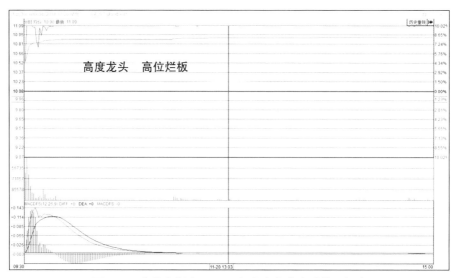

图 6.22　市北高新（600604）高度龙头分时筹码松动

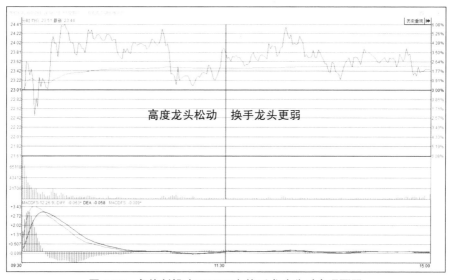

图 6.23　鲁信创投（600783）换手龙头分时表现更弱

　　因此，市北高新（600604）作为板块中的高度龙头，如果无法实现继续一字板或者一字板成功转为 T 板，而是出现断板现象，那么，整个板块和换手龙头的上涨周期和上涨高度也就走到终点了。如图6.24、图 6.25 所示。

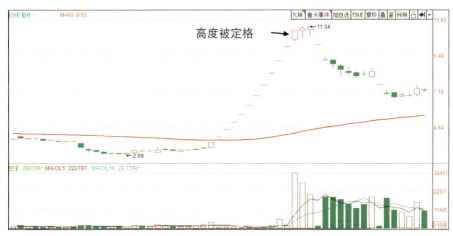

图 6.24　市北高新（600604）作为高度龙头断板

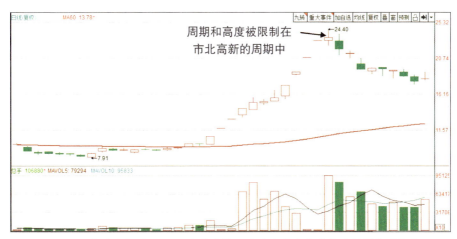

图 6.25　鲁信创投（600783）作为换手龙头生存在高度龙头的景气周期内

微信扫描二维码，观看作者讲解视频
助您更好地掌握和运用趋势交易体系

第七章 特色技术

　　这是本书中最具特色的部分，本章所介绍的一些特色技术，大部分是笔者花费了大量心血研究、归纳总结出来的精华，经受了十几年实战交易的考验。有一些特色技术已经在前面各章节中介绍过了，如"鲤鱼跳龙门＋假摔"、"双子顶"、"该涨不涨，立即出场"、拉升中的上影线洗盘、分时 7% 异动模型、超跌状态，等等，这些技术来源于股市，历经时间和实战的验证，运用于股市行之有效。

　　这里没有枯燥复杂的深奥理论，也没有数不清的 abc 浪，只有平实易懂的语言和直观详尽的图解，以大家喜闻乐见的方式对股市的运行规律和技术指标进行全面深入的诠释，更容易理解吸收。

第一节　分时缩量诱多拉升

分时缩量诱多拉升，是笔者在日常交易中经常用到的分时卖点。

在上涨过程中出现的分时卖点，笔者只使用两个：一个是假涨停的分时卖点，另一个就是分时缩量诱多拉升。分时缩量诱多拉升是分时级别中常见的诱多行为，出现后短期内多进入调整。如图 7.1 所示。

图 7.1　融捷健康（300247）出现分时诱多后回调

◎ **技术要点**

分时缩量的技术形态表现为：分时的首次拉升有成交量的配合，属于带量拉升，之后盘中再次出现拉升，涨幅达到或未达到首次拉升的高度，但是对应的成交量却出现明显的缩量。如图 7.2 所示。

出现分时缩量诱多拉升之后，股价没有再继续上涨，而是回落跌破分时颈线位，是减仓的机会。

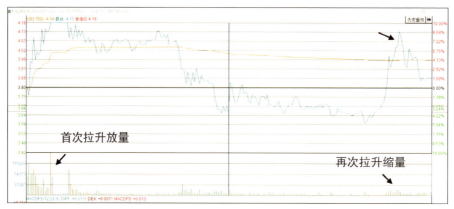

图 7.2　融捷健康（300247）分时缩量诱多拉升

出现分时缩量诱多拉升之后，大部分个股直至收盘会出现不同程度的回落。需要注意的是，在收盘之前，绝对不能离开屏幕，应该把减掉的仓位重新挂在当日的涨停价，以防极少数个股突然偷袭拉升封涨停，如果出现这种情况，则需要把减掉的仓位在封涨停时重新买回。

科蓝软件（300663）2020 年 2 月 24 日的分时呈明显的缩量诱多拉升形态。分时拉升拟突破前高，拉升时对应的成交量无明显大单，而且分时拉升的波形也欠佳。如图 7.3、图 7.4 所示。

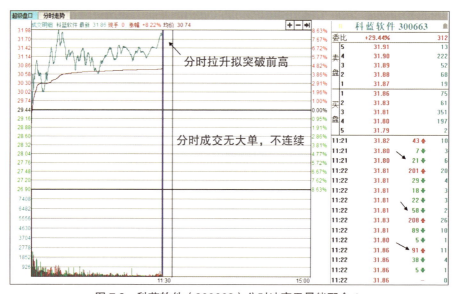

图 7.3　科蓝软件（300663）分时冲高无量能配合 1

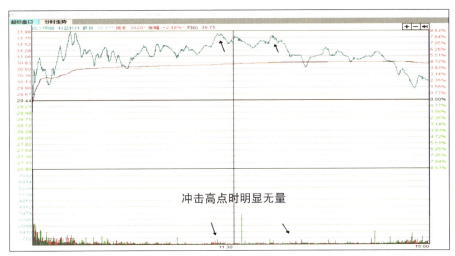

图7.4　科蓝软件（300663）分时冲高无量能配合2

　　分时图中两次冲高拉升都没有量能的配合，属于缩量诱多拉升。后市分时跌破颈线位，当天基本没有冲击前高的可能了。随后进一步跌破日均价线，尾盘跳水，疲态尽现。如图7.5所示。

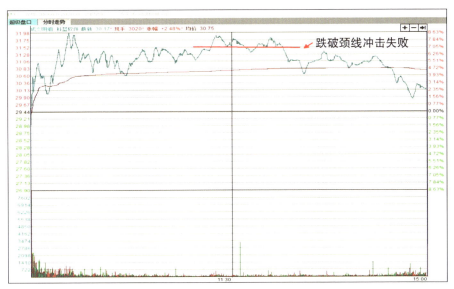

图7.5　科蓝软件（300663）分时跌破颈线

◎ 案例：合锻智能（603011）的分时缩量诱多

2020 年 3 月 27 日早盘，合锻智能（603011）分时出现放量拉升，但未封板，之后股价回落至分时均价线之下。尾盘再次出现拉升行为，但是拉升过程中，对应的成交量与早盘拉升时相比出现了明显的缩量。因此，这是一种分时缩量诱多行为，不但不应该跟风买入，反而应该进行减仓处理。

当分时缩量诱多拉升出现之后，股价进一步跌破颈线位，是明确的减仓信号。如图 7.6、图 7.7 所示。

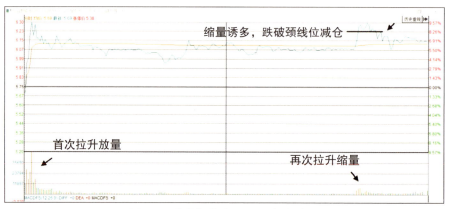

图 7.6　合锻智能（603011）分时图

图 7.7　合锻智能（603011）日线图

第二节　阴阳盘整组合

阴阳盘整组合是周线级别经常出现的盘整技术形态，由四根周 K 线组成，两阳两阴相间。

◎ **技术要点**

这个组合本质上属于日线级别的阻尼运动，但由于日线级别盘整的振幅太小、周期太短，导致日线级别实战价值不大，如果换成周线级别，就一目了然了。

以兴发集团（600141）为例，2021 年 6 月 4 日到 7 月 8 日的日线级别形态不太容易进行判断，如图 7.8。把周期调整至周线级别，就是非常明显的阴阳盘整组合，如图 7.9。

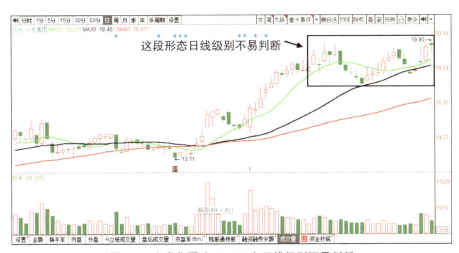

图 7.8　兴发集团（600141）日线级别不易判断

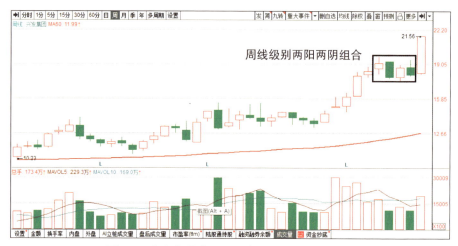

图 7.9　兴发集团（600141）周线阴阳盘整组合

之所以出现阴阳盘整组合，是因为个股在拉升过程中达到前期的平台水平，主力资金短期内对前期平台进行消化整理，如图 7.10、图 7.11 所示。

阴阳盘整之后的第 5 根周 K 线出现突破，是一个确定性的买点或加仓点，如图 7.12 所示。

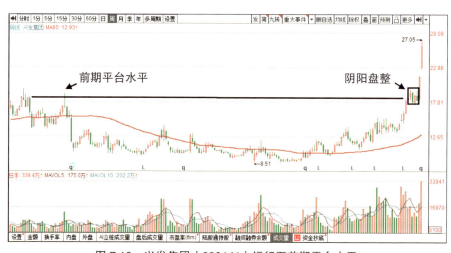

图 7.10　兴发集团（600141）运行至前期平台水平

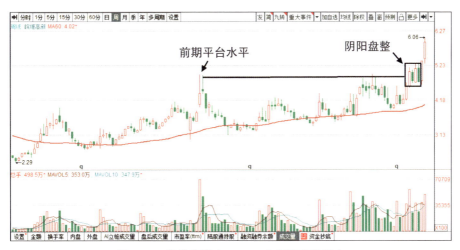

图 7.11　皖维高新（600063）阴阳盘整组合

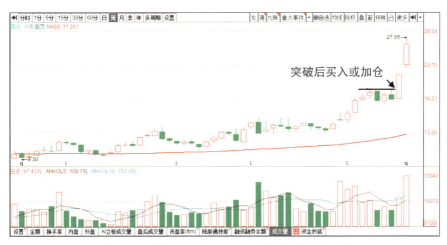

图 7.12　兴发集团（600141）阴阳盘整组合突破

　　与日线相比，周线级别的整理和突破更加明确、有效，当日线级别形态不易判断时，参考周线级别的形态是非常聪明的选择。

第三节　小阳催大阳

小阳催大阳技术，是一个确定性很高的套利模型，出现在个股启动之后的拉升过程。

◎ 技术要点

小阳催大阳技术的应用环境最好是在大盘指数处于上升通道，板块指数处于当时的题材风口。

小阳催大阳由涨停板开启，之后出现 3 至 6 个交易日的连续小阳线，这些小阳线在运行过程中，收盘价均受到 M5 的支撑，后市大概率会收获涨停板或大阳线。如图 7.13、图 7.14、图 7.15 所示。

大部分小阳线的涨幅小于 5%，当然也有超过 5% 的情况，也有 2 个交易日或者超过 6 个交易日的连续小阳线。

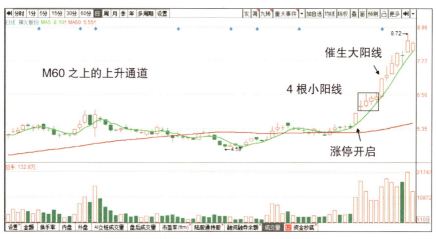

图 7.13　神火股份（000933）小阳催大阳

◎ 操作要点

　　买点选择在收盘前 14:55 至 14:57，这个时间段当日 K 线基本成形，可以确定收小阳线，可以确定当日收盘在 M5 之上。故可以在每个交易日收盘前分批买入，止损条件是跌破 M5。

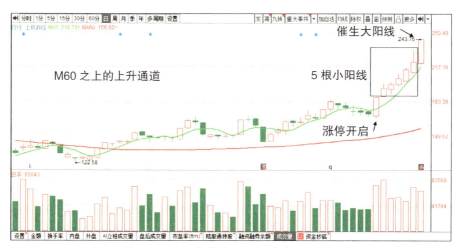

图 7.14　上机数控（603185）小阳催大阳

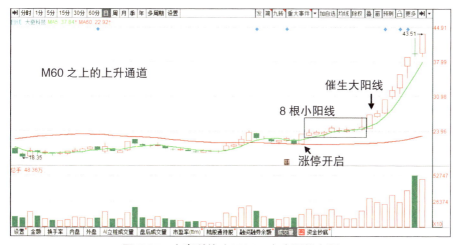

图 7.15　大豪科技（603025）小阳催大阳

第四节　长下影、小灯柱

"长下影、小灯柱"是抓反弹的一个确定性买入机会，可以出现在超跌状态，也可以出现在非超跌状态。

◎ 技术要点

"长下影、小灯柱"具有三个技术要点：

1. 下跌之后，个股跌至筹码峰下缘，最好进入超跌状态。

2. 分时杀出恐慌盘，下跌放量，成交量在低位明显放大。

3. 低位放量以后，次日或短期内成交量明显萎缩，对应的 K 线是振幅较小的小阴线、小阳线或十字星。

标准的组合形态是"前一日长下影线 + 次日十字星（小阴线或小阳线也可）"，后者位于前者的长下影线之内。如图 7.16 所示。

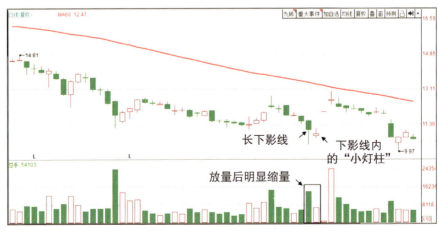

图 7.16　标准的"长下影 + 小灯柱"技术形态组合

"长下影"是杀出恐慌盘，出现低位放量。

"小灯柱"是出现恐慌盘之后的明显缩量。

"长下影、小灯柱"的本质是"下跌杀出恐慌盘（明显放量）+ 杀跌有效（明显缩量）"的量能组合，如图 7.17 所示。量能的明显变化，可以引发趋势的改变。

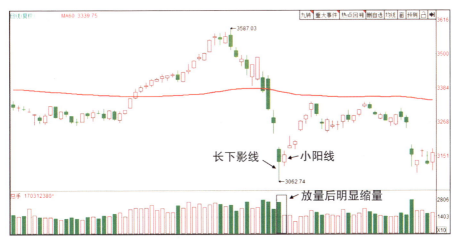

图 7.17　本质是放量杀出恐慌盘 + 缩量止跌的组合

◎ **操作要点**

具体的买点，可以选择恐慌盘放量之后的缩量日（"小灯柱"）进行买入，也可以选择阳线反包"小灯柱"时进行买入。

◎ **超跌状态**

超跌状态主要见于两种情况：

1. 有明显的主力资金建仓行为，之后跌破建仓成本区。

底部区间出现连续放量的个股，经过一段时间的整理，筹码呈高度密集状态，明显存在人为整理筹码的痕迹，如图 7.18 所示，当股价连续下跌之后，跌破密集筹码峰的下缘就处于超跌状态了。

濮阳惠成（300481）在长期下降通道的后期，出现了底部连续放量，经过一个小平台整理之后，筹码峰呈低位密集状态，这是筹码明显被人为整理过的痕迹，如图 7.19 所示。筹码密集状态之后出现下跌，通过筹码分布我们可以看到，股价跌至密集筹码峰之下就属于超跌状态了，如图 7.20 所示。

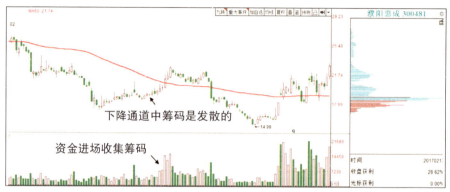

图 7.18　濮阳惠成（300481）资金进场收集筹码

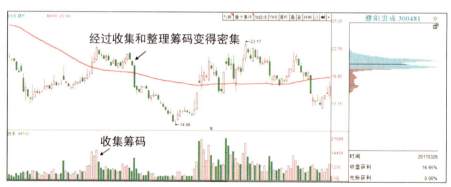

图 7.19　濮阳惠成（300481）筹码密集，存在人为整理痕迹

图 7.20　濮阳惠成（300481）建仓后的超跌状态

136

2.高位没来得及出货，遇到指数大跌，被一起错杀。

这种情况出现之后，价格跌至筹码峰下缘以下，跌破主力资金的持仓成本区，就是超跌状态了。

若个股的运行没有跟随大盘的节奏，在大盘见顶之前，主力资金没有及时完成出货，此时大盘指数暴跌，个股往往跟随指数下跌而被错杀。

福晶科技（002222）在大盘开始见顶下跌时，没有及时完成低位筹码的派发，跟随大盘一同下跌，主力的持仓筹码因而被套牢，如图7.21所示。

通过对筹码分布的学习，我们知道，主力已经完成出货的特征是低位筹码峰完全或大部分消失，转移至高位，重新形成高位筹码峰。

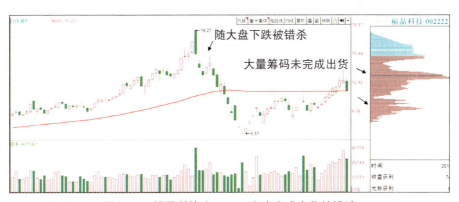

图 7.21　福晶科技（002222）未完成出货被错杀

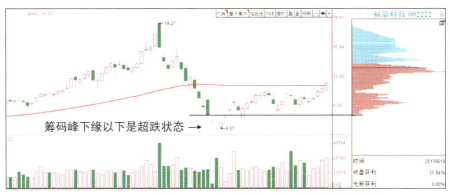

图 7.22　福晶科技（002222）跌破筹码峰下缘就是超跌状态

当股价跌至筹码峰下缘以下时，个股就处于超跌状态了，如图 7.22 所示，主力的持仓筹码已经深套其中，这就是我们抓超跌反弹的最佳时机。

超跌状态下趋势支撑线的斜率不能是平行的，一定要由平行变为斜向下或者由斜向下变得更陡。跌至筹码峰下缘以下超过 10% 的幅度，就进入安全的超跌区间了。

需要注意的是，超跌状态下抓反弹属于波段性买点，而不是趋势性买点，超跌行情只是反弹，不是反转。因此，当反弹至成交量放大、遇到明显抛压时，就应该及时获利离场。

第五节　股价的数字规律

股价的数字规律原不是趋势交易体系研究的内容，这是笔者跟一位学生"爱笑的眼睛"交流时学习到的，后来在实盘交易中发现，股价的数字规律具有一定的参考价值和实用性，因此吸收到本书中，供大家共同研究探讨。

个股在高位时，股价出现 A.BB 这样的价格，或属偶然，或主力资金有意为之，但这种情况并不少见。如果一定时期内这个价格一直没有被突破，且处于高位，可以作为判断阶段性头部的一个参考。

下面是一些实盘的案例，如图 7.23、图 7.24、图 7.25、图 7.26 所示。

图 7.23　来伊份（603777）在高位出现 22.44 的价格

图 7.24　长鸿高科（605008）在高位出现 37.77 的价格

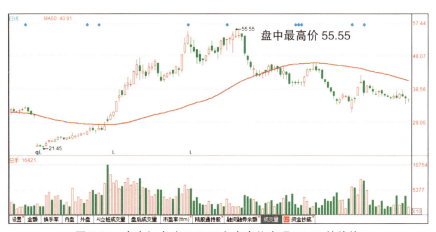

图 7.25　克来机电（603960）在高位出现 55.55 的价格

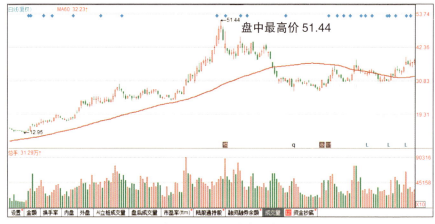

图 7.26　长城汽车（601633）在高位出现 51.44 的价格

第六节 "太阳雨"

个股开盘后放量上涨，分时在日均价线之上开始拉升，前半场行情犹如艳阳高照。后半场行情剧变，股价开始出现回落，跌至日均价线之下。之后在日均价线附近横盘振荡或者继续下跌，反弹受制于日均价线的压力，这种行情由上涨急转而下，犹如晴天突然下起绵绵细雨，故笔者称其为"太阳雨"。如图 7.27 所示。

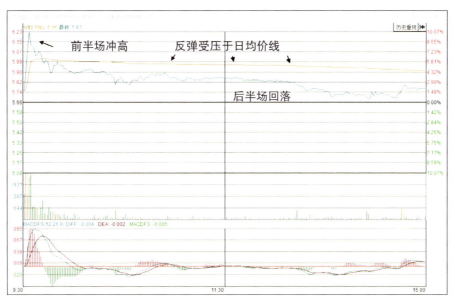

图 7.27　梦洁股份（002397）"太阳雨"的分时图

◎"太阳雨"的技术形态

1.K 线上表现为长长的上影线，如：▮▮▮▮⊥⊥。

2. 分时图上表现为放量冲高后回落，跌破日均价线，收盘时在日均价线附近横盘振荡或者继续下跌。

◎ "太阳雨"出现的位置

"太阳雨"的技术形态，可以出现在底部区间、启动前夕、上升通道、头部区间等，出现的位置不同，其意义也完全不同。

1. "太阳雨"出现在底部区间

"太阳雨"出现在底部区间是主力的建仓行为，主力拉高股价去拿筹码，拿到足够的筹码或者超过预期的建仓价格，股价自然回落，进行横盘振荡。如图 7.28 所示。

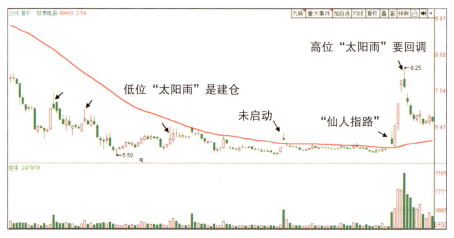

图 7.28　甘肃电投（000791）低位"太阳雨"是建仓

2. "太阳雨"出现在启动前夕

在 M60 之上，启动前夕出现的"太阳雨"，称为"仙人指路"。"仙人指路"的本质是主力资金准备启动行情之前的试盘动作。如图 7.29、图 7.30 所示。

技术要点如下：

（1）首先在启动位置站上 M60。

（2）"仙人指路"跳出起飞平台、跳空高开者，股性更强。

（3）"仙人指路"的换手率在5%以内最好，一般在10%以内。成交量可以适当放大，但不能是巨量。

"仙人指路"可以跌破短期均线（同时跌破M5、M10），但不能跌破M60。次日的股价只要一直运行在"仙人指路"的上影线之内或日均价之上，不需要进行止损。由于"仙人指路"属于启动之前的试盘行为，出现之后，个股一般会在短时间内启动行情。

图 7.29　国际实业（000159）启动前多次出现"仙人指路"

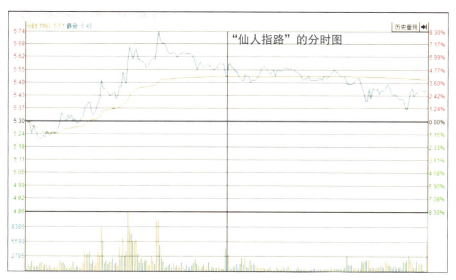

图 7.30　国际实业（000159）"仙人指路"的分时图

3. "太阳雨"出现在上升通道

"太阳雨"出现在上升通道途中,表明主力在拉升过程中遇到抛压,提示短期将有回调。如图7.31所示。

4. "太阳雨"出现在头部区间

"太阳雨"出现在个股上涨的头部区间,是见顶的信号,如图7.32、图7.33所示。见顶多伴有成交量明显放大,甚至出现天量天价,盘中分时的振幅也比较大。

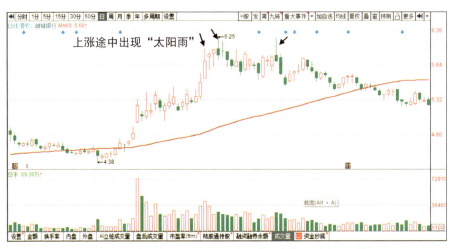

图 7.31　邮储银行（601658）上涨途中出现"太阳雨"

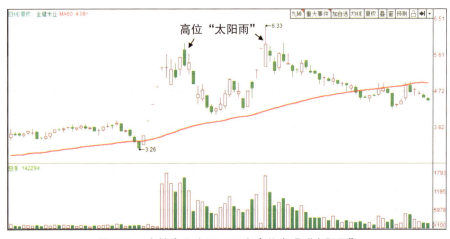

图 7.32　金健米业（600127）高位出现"太阳雨"

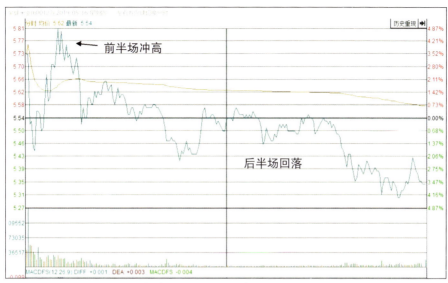

图 7.33　金健米业（600127）高位"太阳雨"的分时图

有时盘中即便创出新高，收盘时收在前顶高点之上，也应离场观望，如图 7.34 所示。要知道，在头部区间出现"太阳雨"，表明多空双方在高位发生严重分歧，并伴有大量筹码的交换，一般不看好后市。

"双子顶"的技术指标就是高位假拉升和高空"太阳雨"的组合。如图 7.35、图 7.36、图 7.37 所示。

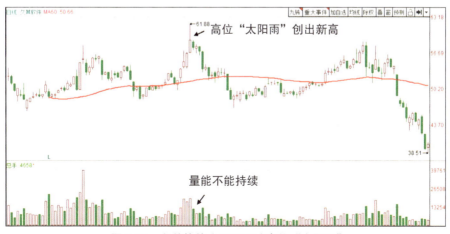

图 7.34　久其软件（002279）高位"太阳雨"

图 7.35　欣旺达（300207）高位出现"双子顶"组合

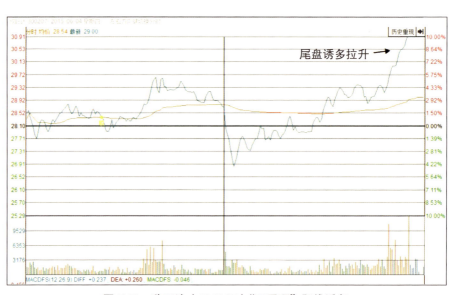

图 7.36　欣旺达（300207）"双子顶"阳线诱多

　　高空"太阳雨"，是杀跌主动力，是趋势交易体系的线上卖点之一，只要出现高空"太阳雨"，就应该适当减少仓位，等待趋势进一步明朗后再进行操作。如果后市自此进入下降通道，则不应该再进行任何买入操作。

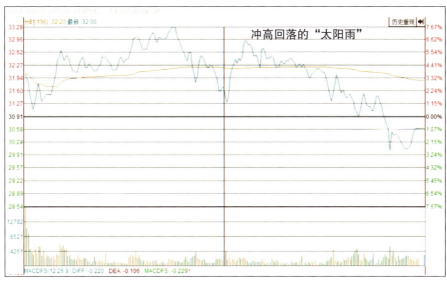

图 7.37 欣旺达（300207）"双子顶"的"太阳雨"

◎ 特殊的"太阳雨"分时

1. "太阳雨"后又"晴天"

出现"太阳雨"的走势之后，下跌无放量或者只有少许放量，收盘前不再继续下跌破位，而是逐渐收复图形，股价重新站上日均价线。如图 7.38 所示。这种分时走势多是主力的洗盘行为，后市继续看好，

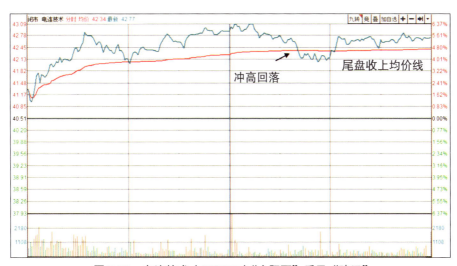

图 7.38 电连技术（300679）"太阳雨"后又"晴天"

收盘前应该重新买入，就像是"太阳雨"后又"晴天"的情景，常常出现在上升通道启动阶段或上涨中继，一般不会出现在高位区间。

2. 分时假拉升

高位区间的分时振荡，多表现为先拉升后下跌的"太阳雨"形态，之后又出现尾盘急速拉升，分时图表现为尖尖的底，如图7.39所示。

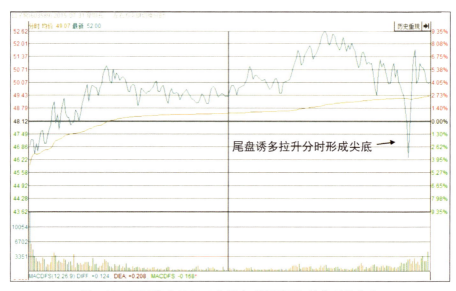

图7.39 口子窖（603589）日内"双子顶"的分时是尖底

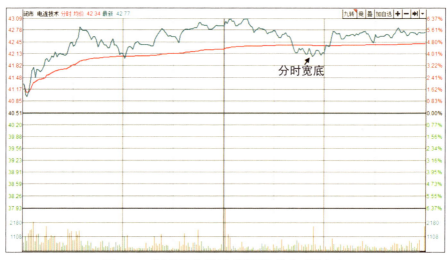

图7.40 "太阳雨"后又"晴天"的分时是宽底

"太阳雨"后又"晴天"的横盘宽底则明显不同,如图7.40、图7.41所示。如果在高位出现这种尖底分时表现,千万不要追涨,这种分时走势相当于高空"太阳雨"和高位低开高走的技术组合。分时出现巨震,是强烈的见顶信号,属于日内"双子顶"。

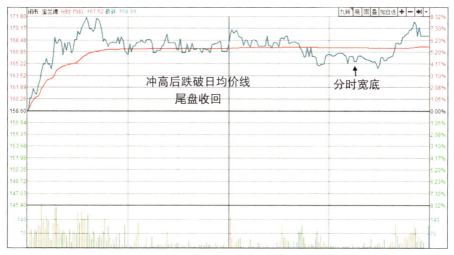

图7.41 "太阳雨"后又"晴天"的分时是宽底

第八章　短线模型的交易原则

所谓的短线交易，其实是抓强势股或龙头股的启动点，由于强势股往往是以涨停板的形式启动，这样的操作久而久之就成为大家口中的"打板"操作。短线"打板"交易，本质上就是抓强势股的启动点和确定性！

短线打板操作需要建立系统、完善的交易体系，必须以趋势理念为基础，重视风险和风控，重视资金和筹码之间的博弈，重视市场风口和情绪发酵，并加以刻苦训练。没有经过系统的学习和训练就进行短线打板操作风险极大！切记，打板有风险，操作需谨慎！

打板操作是一种概率博弈，在不确定中寻求确定性。没有百分百成功的完美交易，市场上任何短线打板的交易技术都有失败的案例，总结以往失败的原因，大部分是由于交易没有遵循"三元一催化"原则。

此外，学习了新的理念和方法后，切不可操之过急，首先要深入理解、吸收和掌握，同时配合小仓位进行训练、强化，运用成熟后再逐步加仓。

第一节　仓位管理

交易的风险大小，主要取决于仓位管理。仓位管理做得好，是成熟投资者的一个显著特点。行情启动，仓位没有及时跟上，属于仓位管理风险。行情走坏，仓位没有及时降下来，也属于仓位管理风险。

长期实战操作后，每个人都会形成自己的仓位管理风格，在这里不多设限，大家可在实际操作中自己体会、总结。

关于买卖点的选择，短线交易原则是一定要把握确定性！短线买入的确定性是多空由分歧转为一致，而卖出的确定性是多方由一致重新出现分歧。

◎ 操作要点

在中长线交易的经验基础上，笔者把打底仓的习惯迁移至短线交易当中。

1.只要有买进的机会，在首板的位置买入底仓。留有先手的好处是，在二板进行加仓时，会有很大的主动性。机会出现时敢于上仓位，次日走坏时可以"T掉"底仓，降低交易风险。

2.即使首板有买入的机会，也不重仓或满仓，因为首板无法确认换手龙头，无法确定行情及板块效应的持续性，只有出现换手的机会，才能够精准锁定目标。常常会遇到在首板打了底仓的个股，其实并不是次日的换手龙头，因此，二板的位置除了要完成锁定换手龙头、进行加仓等操作，还要完成去弱留强的操作。

在涨停的价格挂单买入，买入的是确定性。短线交易的买入操作，切不可贪图小便宜而买入半路板，如图8.1所示，尤其是分时涨幅在 7% 以下的位置，买入半路板很容易出问题！

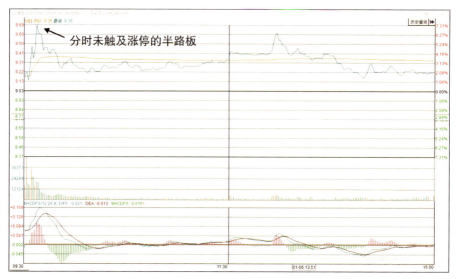

图 8.1 切忌买入半路板

第二节　同板块中去弱留强的技巧

同板块中的分时选股技巧，主要适用于锁定板块效应之后，在同一板块中，根据分时细节发现龙头股，完成去弱留强、优中选优，即主要是区分首板和二板。

◎ **首板的区分**

主要体现在首板的位置（在 M60 之上还是之下）、封板的时间、主动带领板块上涨还是被动跟随上涨等方面。

以证券板块为例，2019 年 12 月 13 日的首板封板时间，中信建投（601066）是 13:03，南京证券（601990）是 13:29，前者率先封板，两者均先于证券板块指数启动，如图 8.2、图 8.3 所示。

图 8.2　南京证券（601990）首板封板分时图

图 8.3　中信建投（601066）首板封板分时图

◎ 二板的区分

　　首板无法单独确认个股股性的强弱，关键取决于二板的表现。12 月 16 日为证券板块的二板，首先观察当天 09:25 集合竞价的成交量，南京证券（601990）为 42065 手，前一日的成交量为 142.8 万手，如图 8.4、图 8.5 所示，集合竞价成交量约为前一日的 3%，这是强势股的一个表现。中信建投（601066）集合竞价成交量为 34907，如图 8.6 所示，约为前一日成交量 102.9 万手的 3.3%。两者均已达到 3% 的强势股要求。

　　从首板封板时间和集合竞价成交量来看，似乎中信建投（601066）占上风。

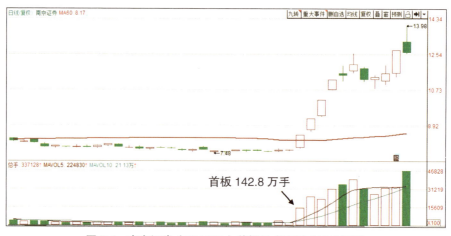

图 8.4　南京证券（601990）首板日成交量 142.8 万手

图 8.5 南京证券（601990）二板 09:25 集合竞价成交量 42065 手

图 8.6 中信建投（601066）二板 09:25 集合竞价成交量 34907 手

我们接着对比第二个分时指标。南京证券（601990）在 10:04 分时涨幅率先达到 7% 以上，如图 8.7 所示。中信建投（601066）同一时间的涨幅只有 3.7%，如图 8.8 所示。午盘南京证券（601990）二板率先封板，并进行换手，实现了成交量反转。而中信建投（601066）二板未实现成交量反转，二板封板时间落后于南京证券（601990）。

自此，南京证券（601990）胜出。

图 8.7　南京证券（601990）分时涨幅率先达到 7%

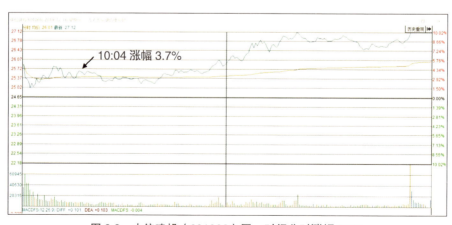

图 8.8　中信建投（601066）同一时间分时涨幅 3.7%

◎ 技术要点

对比板块中个股强弱的技术性指标有：

1. 次日集合竞价的成交量与前一日成交量之比，要达到 2% 至 3%。

2. 二板分时涨幅率先达到 7%。

3. 二板率先封板。

4. 盘中最好同时完成换手，实现成交量反转。

可见，区分个股股性的强弱，主要取决于二板，如图 8.9、图 8.10 所示。

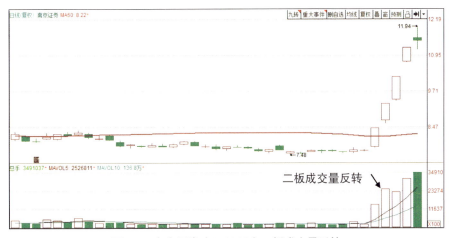

图 8.9　南京证券（601990）二板成交量反转

图 8.10　中信建投（601066）二板成交量未反转

第三节　启动后的上影线洗盘

◎ 启动后，拉升过程中的涨停板反包

　　龙头股在成功启动之后的拉升过程中，也会出现洗盘行为，最常见的是上影线洗盘。

　　上影线洗盘，分时表现为假涨停或冲高回落，分时的形和量不理想，日线表现为带长上影线的"太阳雨"，K线阴阳无分别。

　　操作上应该进行减仓，如果次日出现涨停板反包，应该重新加仓。如前文所述，要买在确定性买点上，上影线洗盘之后的确定性买点就是次日涨停板反包！如图 8.11 所示。

1.T 板模型出现的上影线洗盘

　　浙江龙盛（600352）在连板换手启动之后，出现了上影线洗盘的情况，如图 8.12 所示。次日缩量涨停板反包，是确定性的买点，表明后市还有行情，如图 8.13 所示。

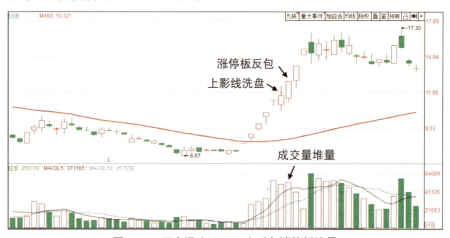

图 8.11　深大通（000038）反包涨停板堆量

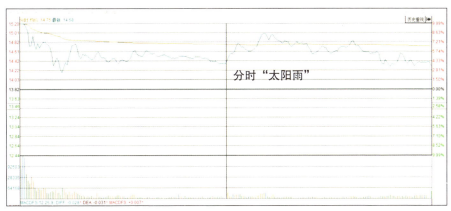

图 8.12　浙江龙盛（600352）上影线洗盘的分时图

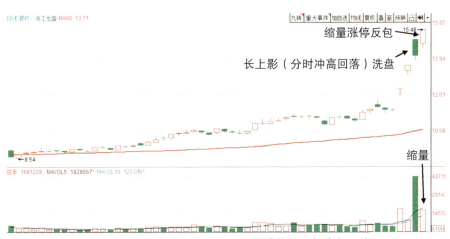

图 8.13　浙江龙盛（600352）缩量涨停板反包洗盘 K 线

2.N 板模型出现的上影线洗盘

九鼎新材（002201）在 N 板启动之后，出现了上影线洗盘的情况，次日均量涨停板反包，是确定性的买点，表明后市还有行情，如图 8.14、图 8.15 所示。

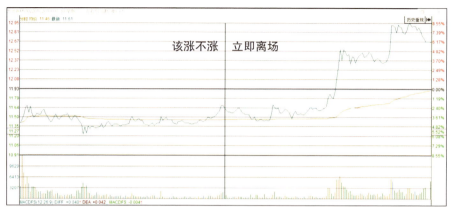

图 8.14　九鼎新材（002201）上影线洗盘分时表现为假涨停

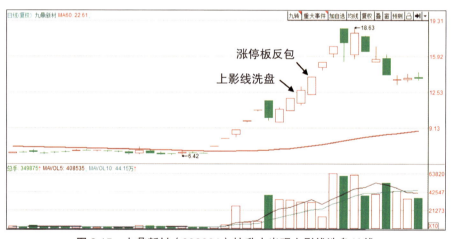

图 8.15　九鼎新材（002201）拉升中出现上影线洗盘 K 线

3. 一字板转 T 板出现的上影线洗盘

宝鼎科技（002552）在一字板转 T 板之后，出现了上影线洗盘，分时是假涨停，应该减仓，次日出现缩量涨停板反包是确定性买点，如图 8.16、图 8.17 所示。

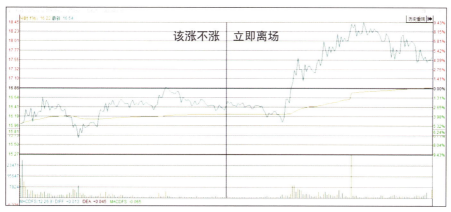

图 8.16　宝鼎科技（002552）上影线洗盘分时表现为假涨停

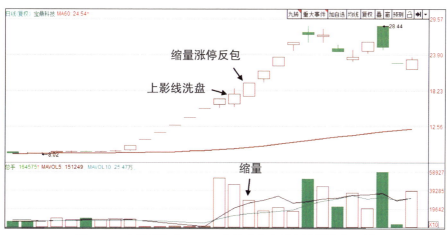

图 8.17　宝鼎科技（002552）拉升中出现上影线洗盘 K 线

◎ 涨停板反包的量能特点

笔者对影线洗盘和次日涨停板反包的量能进行了分类和统计：

1.次日涨停板反包的成交量减少，且减少幅度超过前一交易日成交量的 30%，我们定义为缩量反包。

2.次日涨停板反包的成交量增加，且增加幅度超过前一交易日成交量的 30%，我们定义为放量反包。

3.成交量增加或减少的幅度在前一交易日成交量的 30% 之内的，

我们定义为均量反包。

1. 均量反包

华北制药（600812）在 2019 年 8 月 21 日调整日的成交量为 88.7 万手，8 月 22 日涨停反包的成交量为 79.7 万手，属于均量反包，如图 8.18 所示。

2. 缩量反包

宝鼎科技（002552）在 2019 年 9 月 27 日调整日的成交量为 45 万手，9 月 30 日涨停反包的成交量为 28.3 万手，量能减少 37.1%，属于缩量反包，如图 8.19 所示。

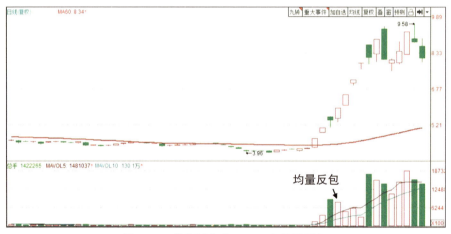

图 8.18　华北制药（600812）均量反包

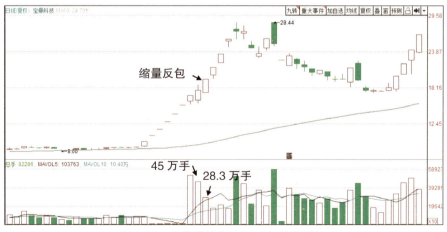

图 8.19　宝鼎科技（002552）缩量反包

3. 放量反包

模塑科技（000700）在 2020 年 1 月 14 日调整日的成交量为 116.5 万手，次日涨停反包的成交量为 155.9 万手，量能放大 33.8%，属于放量反包，如图 8.20 所示。

由此可见，涨停板反包的量能中均量、缩量、放量三种形式均能成功，个人比较喜欢前两种量能形式，尤其是换手健康的量能。

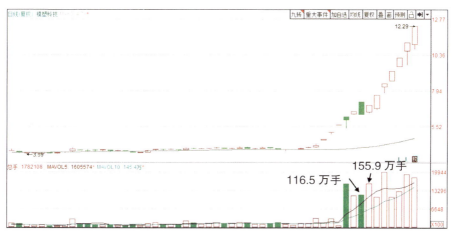

图 8.20　模塑科技（000700）放量反包

第四节　分时 7% 异动

分时 7% 异动，即个股分时出现首次异动，第一次拉升的涨幅或者拉升的振幅达到 7% 或 7% 以上，然后进行分时平台整理，整理平台的底部是逐渐抬高的，之后再次异动拉升、突破整理平台封板。如图 8.21 所示。

星期六（002291）是 M60 之上连板启动的案例，其中首板的分时出现异动拉升至 7% 以上，然后进行分时平台整理，整理平台的底部是逐渐抬高的，如图 8.22 所示。之后再次异动拉升、突破整理平台封板，如图 8.23。

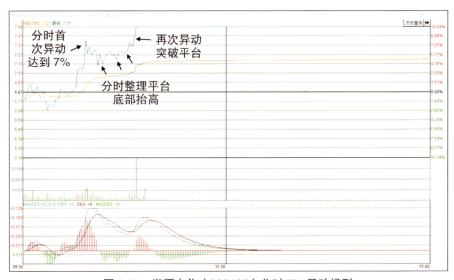

图 8.21　湘潭电化（002125）分时 7% 异动模型

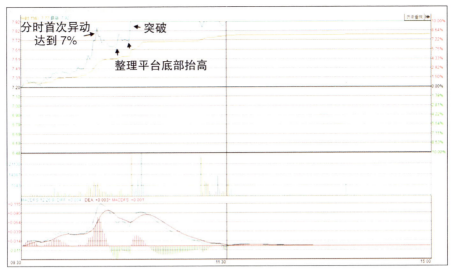

图 8.22　星期六（002291）首板分时 7% 异动模型

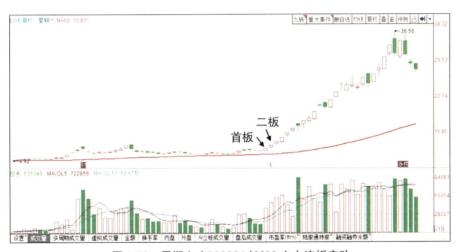

图 8.23　星期六（002291）M60 之上连板启动

　　星期六（002291）二板的分时拉升至 7% 以上，然后进行分时平台整理，整理平台的底部是逐渐抬高的。之后再次异动，拉升突破整理平台，完成封板，如图 8.24 所示。

　　模塑科技（000700）首轮拉升是缩量进行的，2020 年 1 月 10 日到 1 月 14 日搭建了三天的补量平台，充分换手之后 N 板启动，如图 8.25 所示。

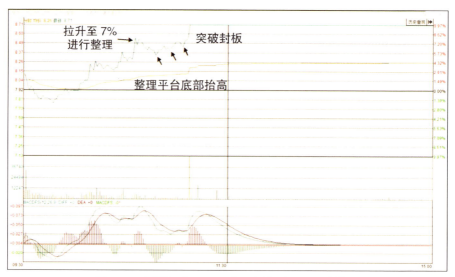

图 8.24　星期六（002291）二板分时 7% 异动模型

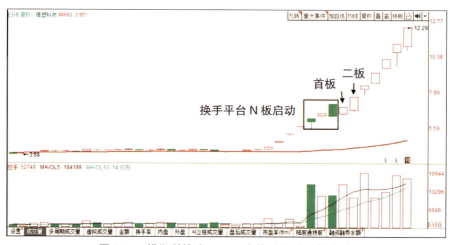

图 8.25　模塑科技（000700）换手之后 N 板启动

　　N 板启动的首板，分时出现异动拉升至 7% 以上，然后进行分时平台整理，整理平台是个弱势形态，平台较长且平台底部并非逐渐抬高，虽然最终也实现了封板，但封板行为是在尾盘进行的，如图 8.26 所示，当天的大盘指数并未出现大跌。

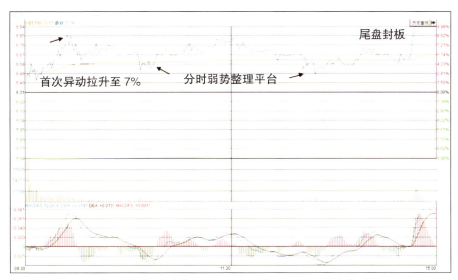

图 8.26 模塑科技（000700）首板分时 7% 异动模型

模塑科技（000700）N 板启动后的二板分时，出现异动拉升至 7% 以上，然后进行分时平台整理，整理平台呈强势整理形态，整理平台短，平台底部抬高，之后快速封板，如图 8.27 所示。

万通智控（300643）是在 M60 之上连板启动的案例，其中首板的

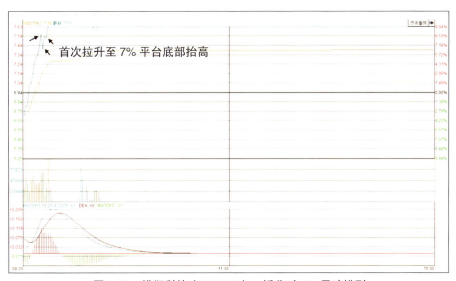

图 8.27 模塑科技（000700）二板分时 7% 异动模型

分时出现异动拉升至 7% 以上，然后进行分时平台整理，整理平台的底部逐渐抬高，之后再次异动拉升、突破整理平台封板。

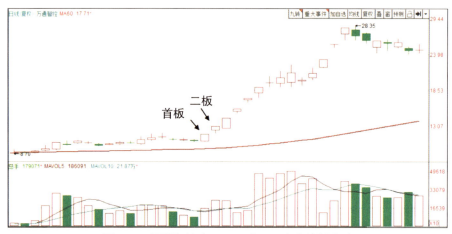

图 8.28　万通智控（300643）M60 之上连板启动

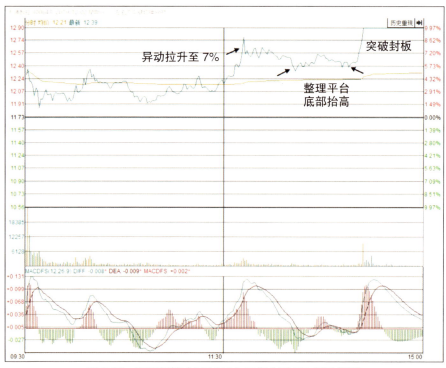

图 8.29　万通智控（300643）二板分时 7% 异动模型

万通智控（300643）的二板分时，首次异动拉升至7%以上，然后进行分时平台整理，分时底部抬高，之后突破封板，如图8.29所示。

日出东方（603366）是在M60之上连板启动的案例，其中首板分

图8.30　日出东方（603366）是M60之上连板启动

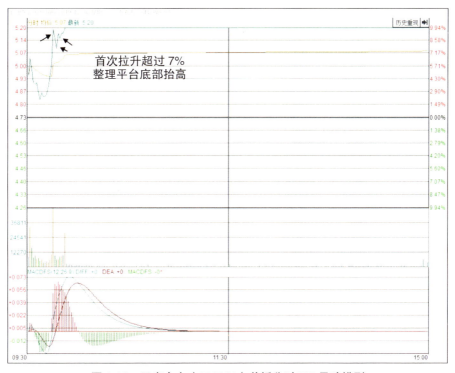

图8.31　日出东方（603366）首板分时7%异动模型

时出现异动拉升超过 7%，然后进行分时平台整理，整理平台时间短、平台底部抬高，之后再次异动拉升、突破整理平台封板，如图 8.30、图 8.31 所示。

　　日出东方（603366）二板分时出现拉升超过 7%，整理平台在分时均线之下，整理平台底部抬高，之后突破分时均线封板，如图 8.32 所示。

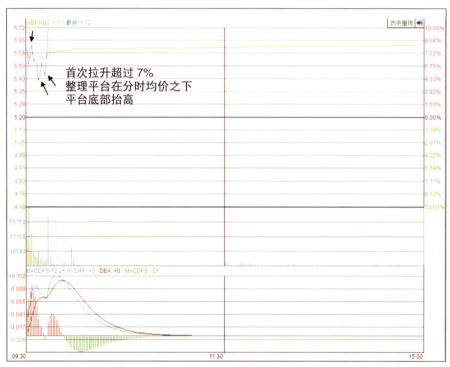

图 8.32　日出东方（603366）二板分时 7% 异动模型

第五节　止损与知行合一

预测为末，应变为本，预测是为应变做准备，应变才是立于不败之地的根本。预测对的人固然能够盈利，预测错了却能及时应对的人更能够持续盈利。

◎ 打板止损原则

必须制定科学的止损原则和条件，并严格执行止损。

打板操作的止损原则：该涨（停）不涨（停），立即出场。

该涨（停）不涨（停），即在预测会涨停的位置没有涨停。包括以下几种情况：

1. 关键位置（启动的位置和主升浪中）收了大阳线，而不是涨停板。如图 8.33、图 8.34 所示。

图 8.33　金太阳（300606）关键位置收大阳线，非涨停板

173

图 8.34　金太阳（300606）分时尾盘并没有封涨停

在启动的位置，龙头股必须是以涨停板的形式突破 M60。龙头股的主升浪多是以连板的形式进行拉升，一旦断板，行情很容易结束。

2. 尾盘突然拉涨停。如图 8.35、图 8.36 所示。

3. 涨停板收盘时封单极少，只有几百手或上千手。如图 8.37 所示。

4. 封住涨停之后，在尾盘突然开板或尾盘开板跳水。

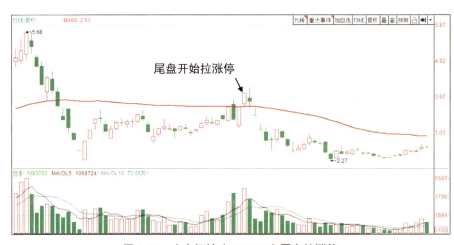

图 8.35　山东钢铁（600022）尾盘拉涨停

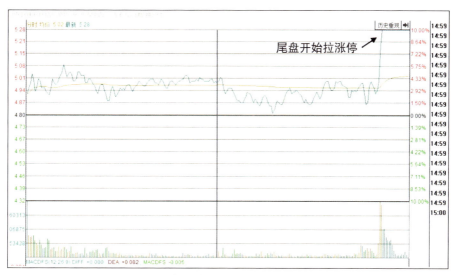

图 8.36　山东钢铁（600022）分时尾盘拉涨停

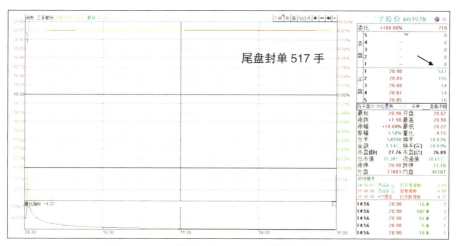

图 8.37　三孚股份（603938）涨停板封单极少

中航重机（600765）在启动的位置出现涨停板尾盘开板跳水，提示启动失败，如图 8.38、图 8.39 所示。

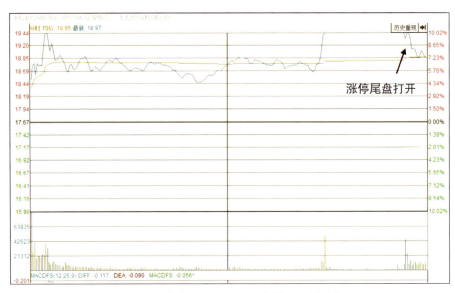

图 8.38　中航重机（600765）尾盘开板跳水

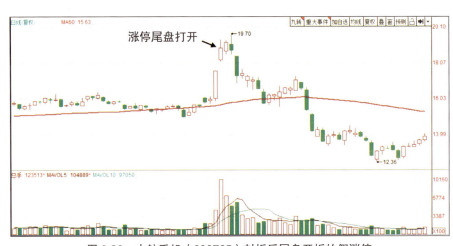

图 8.39　中航重机（600765）封板后尾盘开板的假涨停

浙江龙盛（600352）在高位出现尾盘封板、尾盘开板跳水，如图8.40、图 8.41 所示，提示行情结束。

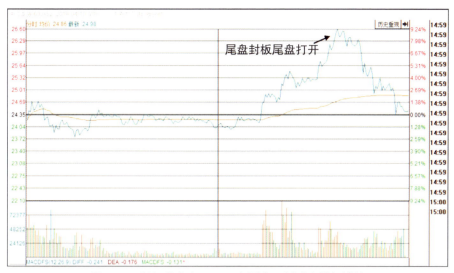

图 8.40　浙江龙盛（600352）尾盘开板跳水的假涨停

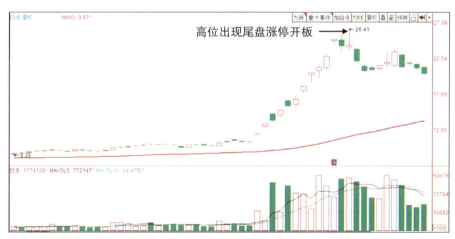

图 8.41　浙江龙盛（600352）尾盘开板跳水，行情结束

5.高位放量烂板，盘中反复打开。如图 8.42、图 8.43 所示。

在高位出现烂板，表明个股由一致看多到重新产生分歧，筹码松动，是见顶的信号。烂板本身并没有涨跌性质，主要取决于其所在的位置。

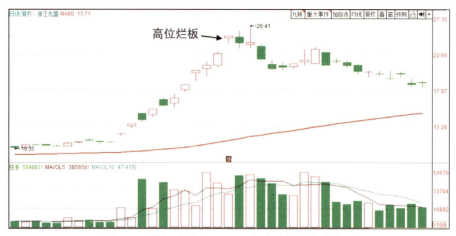

图 8.42 浙江龙盛（600352）高位烂板产生分歧

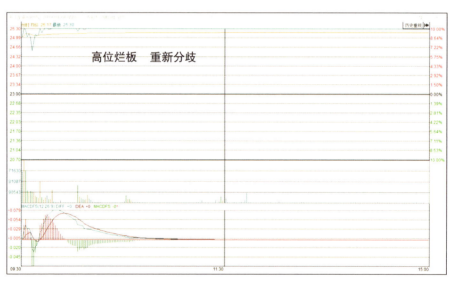

图 8.43 浙江龙盛（600352）分时表现为分歧烂板

　　科蓝软件（300663）在五板的高位，出现放量的分时烂板，表明个股由一致看多转为重新产生分歧，是见顶的信号。如图 8.44、图 8.45所示。

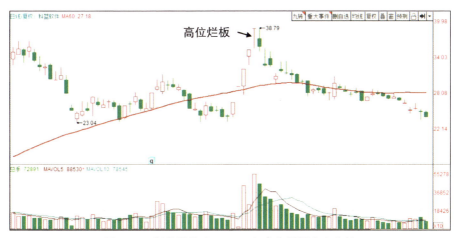

图 8.44　科蓝软件（300663）高位烂板产生分歧

图 8.45　科蓝软件（300663）分时表现为分歧烂板

第九章　个股实战案例

分析和判断大盘指数及个股行情，首先要培养正确的分析逻辑和良好的习惯。

◎ 第一步，看趋势

清楚大盘及个股目前所处的趋势区间，制定相应的交易策略。下降通道中，下跌趋势尚未完全衰竭之前，应该坚决空仓，尤其是短线交易中；箱体振荡区间形成阻尼运动，大盘环境相对稳定，可以控制仓位，轻指数，对强势个股进行交易；上升通道中，寻找确定性买入机会并坚定持股。

◎ 第二步，找板块

寻找处于热点题材风口的板块，最好有国家级或产业级的政策利好支持。然后关注板块题材是否对市场资金产生足够的吸引力，能否形成有效的板块联动效应。短线交易必须要有题材风口的配合。

◎ 第三步，选个股

定位热门板块之后，继续筛选板块中的龙头股。板块出现异动，龙头股总是表现出众，拉升时涨幅最大，回调时跌幅最小。

需要说明一点，在同一板块中筛选个股，基本面自然要参考和比较，但最终还是要尊重市场的选择。基本面最好的个股，有可能是板块中的龙头股，也可能不是，由市场资金选出来的龙头股，才是真正的龙头！

◎ 案例一 小口罩，大行情

2020 年春节期间国内发生了新冠病毒感染，"口罩题材"由此引爆，在题材、资金、情绪和口罩供求等因素共同发酵下，开启了数波行情。当然，相关上市公司的业绩将大幅提升，但是我们要等到业绩有所反映之后才开始介入吗？当然不是。笔者举这个案例，是为了说明股票运作的本质是资金和筹码之间的博弈，筹码是题材的载体，而基本面只是众多题材中的一种。

1.操盘记录

泰达股份（000652）第一轮交易的买点在 2020 年 1 月 22 日，卖点在 2020 年 2 月 11 日，10 个交易日不到，收益实现了翻倍，如图 9.1、图 9.2、图 9.3 所示。

通过对口罩行业的进一步挖掘、分析和思考，笔者认为口罩行情并未结束，因此清掉当时的振德医疗（603301）和联环药业（600513）（这两只个股也实现翻倍），卖掉大部分泰达股份（000652），留下三成底仓。

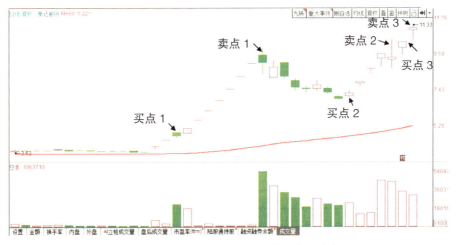

图 9.1　泰达股份（000652）的买点和卖点

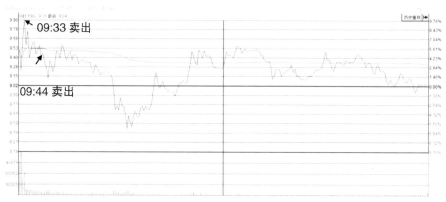

图 9.2　泰达股份（000652）的分时卖点

〈	成交明细		〈	成交明细
证券代码	000652		证券代码	000652
证券名称	泰达股份		证券名称	泰达股份
成交日期	2020-01-22		成交日期	2020-01-22
成交时间	09:37:03		成交时间	09:49:30
买卖标志	证券买入		买卖标志	证券买入
成交价格	4.840		成交价格	4.690

〈	委托明细		〈	委托明细
成交编号	0104000002161580		成交编号	0104000005678856
成交时间	2020-02-11 09:33:13		成交时间	2020-02-11 09:44:52
证券名称	泰达股份		证券名称	泰达股份
证券代码	000652		证券代码	000652
操作	卖出		操作	卖出
成交均价	9.75		成交均价	9.34

图 9.3　泰达股份（000652）第一轮操作交割单

　　2020 年 2 月 21 日买点再次出现时，笔者去弱留强重新配置了半仓泰达股份（000652）和半仓道恩股份（002838），并在 2 月 24 日进行了加仓，如图 9.4 所示。

　　第二轮参与泰达股份（000652）时，市场发生了微妙的变化，口罩股的龙头变为道恩股份（002838）。因此，道恩股份（002838）成为第二轮口罩行情的重点参与对象。

　　由于 2 月 26 日泰达股份（000652）在高位出现分时烂板，当天减

＜　　成交明细	**＜　　成交明细**	**＜　　成交明细**	**＜　　成交明细**
证券代码　000652	证券代码　000652	证券代码　000652	证券代码　000652
证券名称　泰达股份	证券名称　泰达股份	证券名称　泰达股份	证券名称　泰达股份
成交日期　2020-02-21	成交日期　2020-02-21	成交日期　2020-02-24	成交日期　2020-02-24
成交时间　10:02:01	成交时间　14:56:58	成交时间　09:30:07	成交时间　09:33:31
买卖标志　证券买入	买卖标志　证券买入	买卖标志　证券买入	买卖标志　证券买入
成交价格　7.270	成交价格　7.190	成交价格　7.770	成交价格　7.910

图 9.4　泰达股份（000652）第二轮操作交割单

掉部分仓位，所以 2 月 27 日交割单上显示泰达股份（000652）的收益偏高，两波操作泰达股份（000652）实际收益率为 150% 左右。如图 9.5、图 9.6 所示。

　　2020 年 2 月 28 日，泰达股份（000652）出现短线打板技术特征：拉升中洗盘、涨停板反包。笔者第三次买入，并于 2020 年 3 月 2 日上午卖出。如图 9.7 所示。

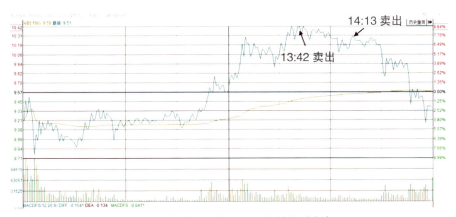

图 9.5　泰达股份（000652）的分时卖点

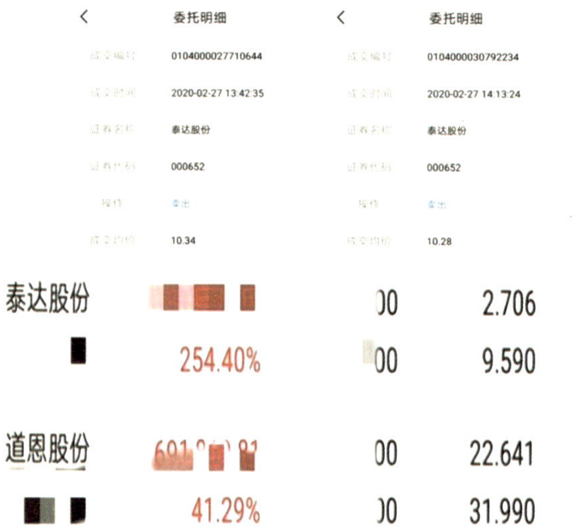

图 9.6　泰达股份（000652）第二轮操作交割单

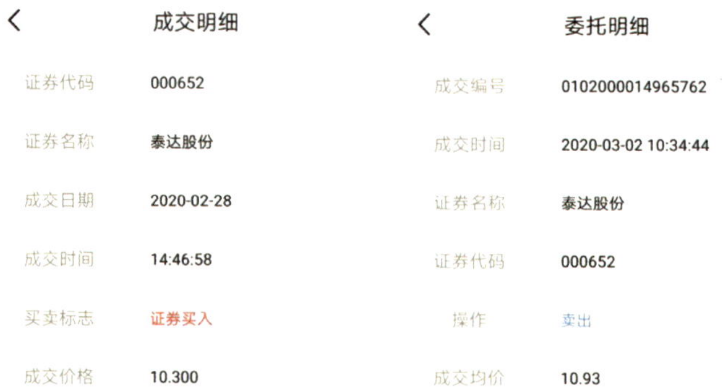

图 9.7　泰达股份（000652）第三轮操作交割单

2. 操盘总结

关于本次操作，笔者的经验和体会是：

（1）题材是行情的催化剂，没有题材，就没有大行情。每一次行情出现的逻辑，总是"题材＋拐点（变化）"。即使业绩没有来得及体现，但是基于对预期的发酵，市场资金和情绪炒作起来依然很火爆。

（2）当第二轮口罩行情爆发时，市场龙头变为道恩股份（002838），而不是第一轮的泰达股份（000652），那么我们的选股和交易也应该及时进行调整，去弱留强，不可墨守成规。

特别说明：本次操作的部分收益，作为"趋势论全国读者发展基金"在疫情防控期间向武汉疫区捐赠了两批次医疗防护物资。

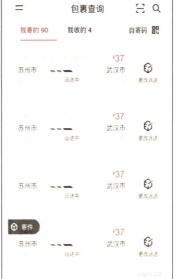

图 9.8 部分收益向武汉疫区捐赠医疗防护物资

◎ 案例二　一些日常的短线交易

笔者日常的短线交易比较多，平日主要整理复盘笔记，多是关于题材、选股、交易等方面的经验得失。交割单没有刻意去整理和收藏，随机挑选了一小部分在公众号文章中公开的交割记录，基本都是当天实时公开的，仅供大家参考和交流。

再次强调一下，做短线交易，一定要符合"三元一催化"原则！

图 9.9 是 2019 年 12 月至 2020 年 3 月期间，笔者短线仓位的实盘交易图。

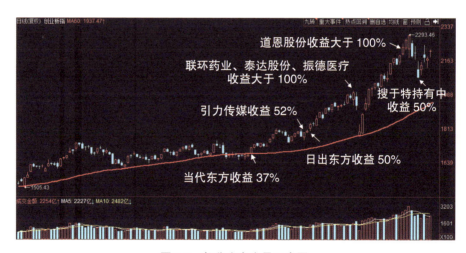

图 9.9　部分实盘交易示意图

1. 12 月 20 日，引力传媒（603598）

2019 年 12 月 20 日引力传媒（603598）连板启动，笔者在二板烂板买入。12 月 30 日再次分歧后，确认市场总龙头的地位，加仓买入，如图 9.10、图 9.11 所示。

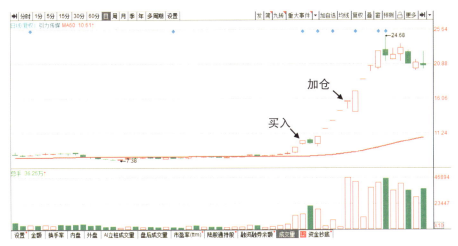

图 9.10　引力传媒（603598）交易示意图

成交明细		**成交明细**
证券代码	603598	证券代码	603598
证券名称	引力传媒	证券名称	引力传媒
成交日期	2019-12-20	成交日期	2019-12-30
成交时间	14:46:01	成交时间	10:36:57
买卖标志	证券买入	买卖标志	证券买入
成交价格	10.140	成交价格	15.690

图 9.11　引力传媒（603598）交割单（拼图）

2. 12 月 31 日，日出东方（603366）

2019 年 12 月 31 日二板 T 板买入日出东方（603366），如图 9.12、图 9.13 所示。

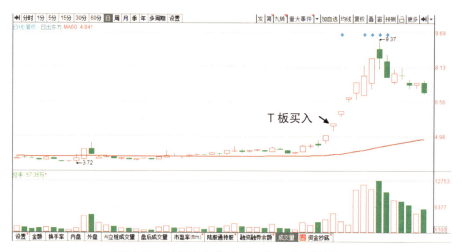

图 9.12　日出东方（603366）二板 T 板买入

图 9.13　日出东方（603366）交割单

3. 2 月 28 日，搜于特（002503）

2020 年 2 月 28 日搜于特（002503）开启继泰达股份、道恩股份之后"口罩概念"的第三轮行情，成为补涨龙头，笔者在涨停反包时买入，如图 9.14、图 9.15 所示。

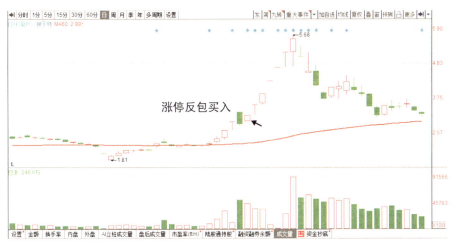

图 9.14 搜于特（002503）拉升中涨停反包买入

图 9.15 搜于特（002503）交割单

4. 3 月 30 日，航天长峰（600855）

航天长峰（600855）属于呼吸机概念龙头，出现拉升中长上影线洗盘，于 2020 年 3 月 30 日涨停板反包时买入，如图 9.16、图 9.17 所示。

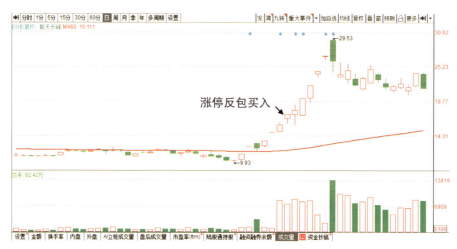

图 9.16　航天长峰（600855）涨停反包买入

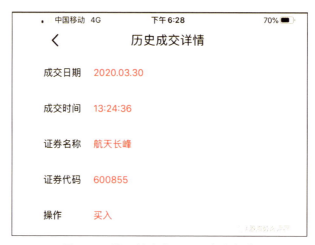

图 9.17　航天长峰（600855）交割单

5. 标准 T 板模型永太科技（002326）

永太科技（002326）是标准的 T 板模型，二板烂板，成交量反转，如图 9.18、图 9.19 所示。

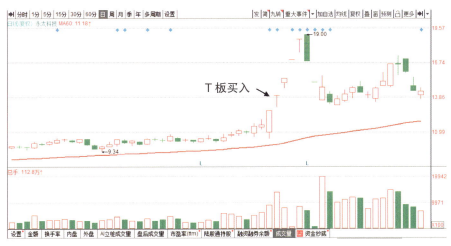

图 9.18　永太科技（002326）二板 T 板买入

图 9.19　永太科技（002326）交割单

◎ 案例三　该涨不涨，立即出场

2016 年 11 月 21 日，新宏泰（603016）在尾盘拉升并封涨停，股价同时创出新高。貌似该股后市乐观，有继续走高的可能，但仔细分析该股的分时走势发现，涨停板是在收盘前 20 分钟完成的，而且买一的封单只有 1000 多手，是标准的假涨停，如图 9.20 所示，符合"该涨（停）不涨（停）、立即出场"的原则。因此，笔者在收盘前以涨停价卖出股票，如图 9.21 所示。

第二天该股走出一根大阴线，与前一日的涨停板形成"双子顶"的技术形态，如图 9.22 所示，更加验证了笔者对见顶的判断。

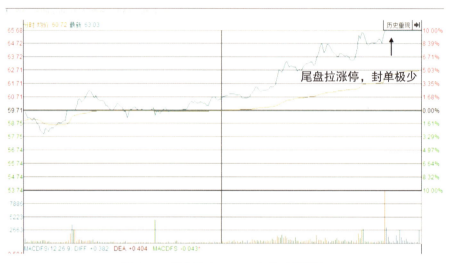

图 9.20　新宏泰（603016）分时假涨停

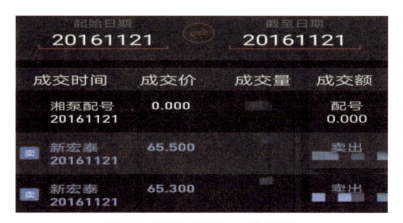

图 9.21　新宏泰（603016）的交割单

图 9.22 新宏泰（603016）该涨不涨，立即出场

◎ 案例四 节奏轮动，去弱留强

当行情回暖，市场热点全面爆发时，操作反而有了一定的难度，一方面是因为市场资金的分流，另一方面是因为热点轮动太快。对于普通投资者来说，只要坚定持有进入上升通道的热点个股就可以了，收益多一点少一点可随缘。

但是就职业投资者来说，需要进一步提升对自己的要求，在市场热点轮动中，踏准热点轮动的节奏，及时精准地去弱留强。

图 9.23 青松建化（600425）的买点和卖点

青松建化（600425）是笔者在2018年年底开始关注并跟踪的标的，启动之前已经在左侧建了底仓。2019年3月1日集合竞价跳空高开突破起飞平台，是非常明确的启动信号，开盘后笔者即进场扫单，当日封板启动，如图9.23、图9.24所示。

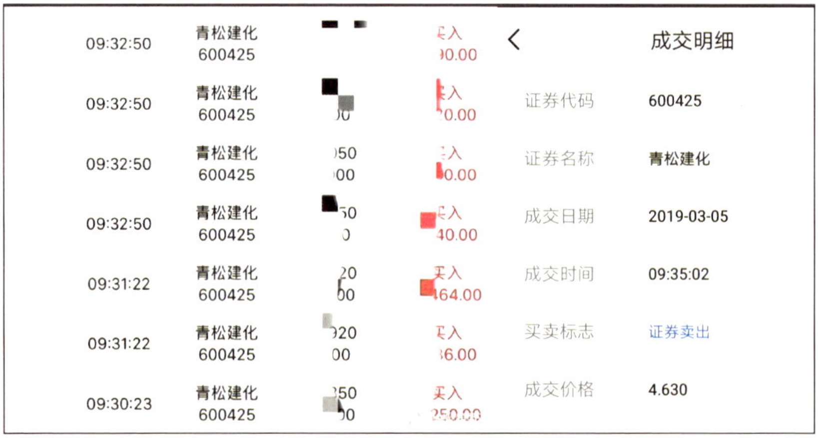

图9.24　青松建化（600425）的交割单

买入后连续三个交易日涨停，对于普通投资者来说，只需要耐心做完该上升通道即可，要求更高的话，需要更加精细地进行交易。笔者发现青松建化（600425）并不符合自己的持股要求，主要原因不在个股而在于个股所属的水泥板块。

买入青松建化（600425）当天，水泥板块的联动效应还是很明显的，但是之后的两天，板块联动效应明显没有形成，只有青松建化（600425）一只个股涨停，板块内没有助攻。所以，笔者当天在开盘后冲高卖出了青松建化（600425），如图9.24所示。同时换成了股性更强的德新交运（603032），及时进行了调仓换股，实现去弱留强，如图9.25、图9.26、图9.27所示。

图 9.25　德新交运（603032）的买点和卖点

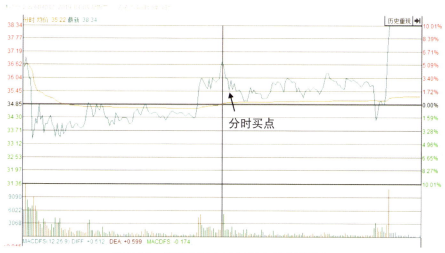

图 9.26　德新交运（603032）的分时买点

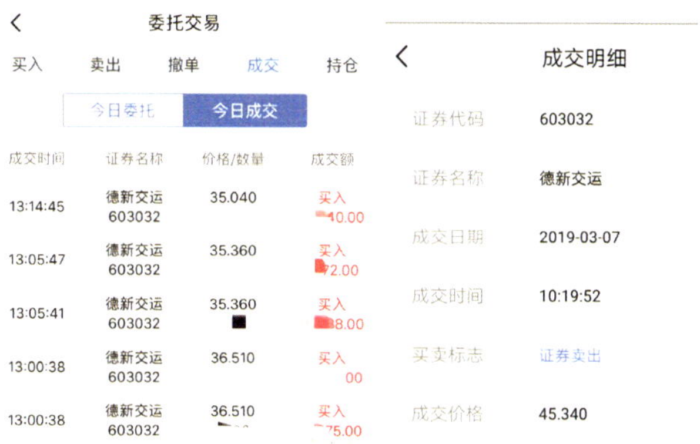

图 9.27　德新交运（603032）的交割单

◎ 案例五 启动后回踩确认买点

彩虹股份（600707）经历了一轮下跌，在 2016 年 1 月至 2016 年 5 月期间形成底部结构，之后以涨停板的形式突破 M60，引起了笔者的注意。

2016 年 5 月 12 日彩虹股份（600707）进行启动后，回踩短期均线 M10，分时低开 3%，笔者就进行了买入操作，当日即封涨停板，如图 9.28、图 9.29、图 9.30 所示。

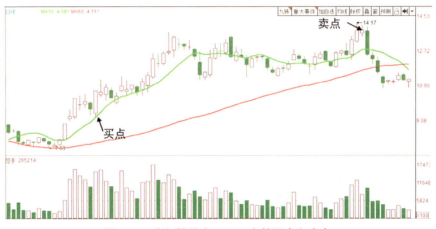

图 9.28　彩虹股份（600707）的买点和卖点

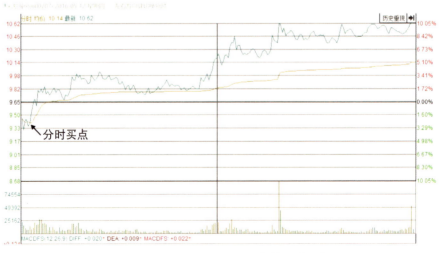

图 9.29　彩虹股份（600707）的分时买点

图 9.30　彩虹股份（600707）的交割单

2016 年 7 月 26 日彩虹股份（600707）形成顶后，分时出现诱多拉升，随即进行了卖出操作，如图 9.31 所示。

图 9.31　彩虹股份（600707）的交割单

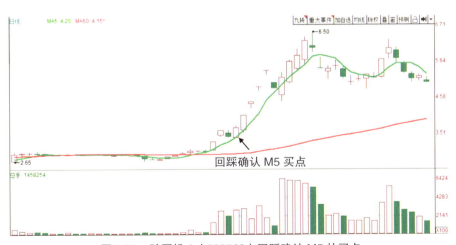

图 9.32　陕国投 A（000563）回踩确认 M5 的买点

在趋势交易体系中，突破之后的回踩确认是非常可靠的短线买点。彩虹股份（600707）的这笔操作是在 2016 年熊市中完成的，2 个月的时间取得 46% 的收益也是来之不易。

大盘回暖的环境中，利用突破之后的回踩确认买点，操作起来还要更加轻松一些。

陕国投 A（000563）启动之后，在 2019 年 2 月 21 日进行回踩确认，回踩短期均线 M5 时买入，如图 9.32、图 9.33 所示。回踩确认的均线周期越短越好，回踩的周期越短，回踩确认收复越强，个股的股性就越强。

图 9.33　陕国投 A（000563）的交割单

◎ 案例六　突破 M60 买入创维数字（000810）

开启上升通道最明确的一个信号就是涨停突破 M60，之后，随着趋势支撑线由平行转为斜向上，趋势会发生根本性转变，个股的运行由此进入上升通道，因此，启动点是可靠的买入机会。

创维数字（000810）在突破 M60 之前，出现了底部小连阳快速建仓行为，之后经过整理，重返 M60，笔者于 2016 年 3 月 15 日进行买入，3 月 17 日突然拉升封板，对 M60 进行突破，开启上升通道。如图 9.34、图 9.35 所示。

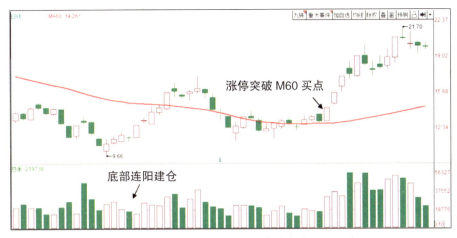

图 9.34　创维数字（000810）涨停突破 M60 买点

图 9.35　创维数字（000810）交割单

买入之前需要注意两个细节：

1. 买入之前必须同步制定止损条件，如果当天收盘前涨停开板或者后市回踩确认失败，需要及时进行止损。

2. 分时买点要等待确定性机会，即主力资金涨停突破 M60 的意图完全暴露之后，才可以进行买入操作，不要半路买入。

笔者在封板前进行买入，之后有效突破 M60 并快速拉升，短短 2 周时间，股价上涨了 50%，在 2016 年熊市中获得这样的收益，是超预期的。

微信扫描二维码，观看作者讲解视频
助您更好地掌握和运用趋势交易体系

第十章　标准化复盘模板及讲解

本章将笔者 17 年的复盘习惯、内容等，尤其是短线交易方面的复盘思路进行归纳总结，做成一套系统性复盘模板供大家参考和练习，并对复盘所需表格进行简单的使用说明。职业交易员应该每天完成系统性的复盘功课，普通股民也应该定期完成复盘。相信按照本章的复盘思路和模板进行复盘，加上时间的积累，投资水平一定会有质的变化。

简单聊一聊每天 09:00 ～ 09:30，在连续交易之前应该关注的内容。

1. 09:00　富时 A50 期指。

富时 A50 从 09:00 就开始交易了，对当天指数开盘（尤其是上证指数）有重要影响。

2. 09:15　板块指数涨跌幅以及个股涨跌幅。

09:15 ～ 09:20 个股可以随便挂单、撤单，因此这期间的参考意义不大。

2023 年 7 月 6 日，圣龙股份在 09:15 ～ 09:20 先被筹码砸到跌停价，之后被资金拉到涨停价，然后又被砸到跌停价。因为这期间挂单是可以随便撤掉的，不会真实成交。如图 10.1 所示。

如果个股的封单巨大或者板块具有联动效应的，09:15 ～ 09:20 的涨跌幅可以参考。

3. 09:20 ～ 09:25　此时委托不可以撤单，将在 09:25 撮合成交，并形成当天第一笔也是最大一笔成交，即集合竞价。

集合竞价可以预判当天的市场情绪，即人气处于冰点还是火爆。

如果指数在低位或支撑位，集合竞价出现冰点，很容易引发反弹行情；如果指数在高位或压力位，集合竞价出现爆量，很容易引发见顶；如果集合竞价的量能变化不大，原来的趋势一般不会轻易发生

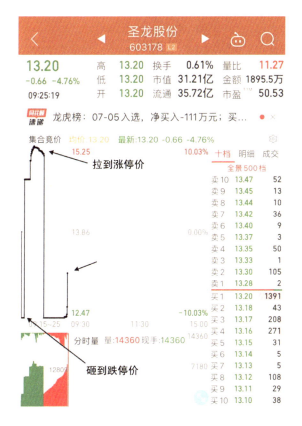

图 10.1 圣龙股份（603178）09:15～09:20 的委托可以撤单

转变。

以创业板为例，创业板的巨量水平在 30 亿～35 亿，地量水平在四五亿。每一个交易日的集合竞价都要及时完成数据的收集、统计和整理。只有常年跟踪观察，才能够运用好这个指标。如图 10.2 所示。

比如，2023 年 5 月 9 日科创板出现了集合竞价地量，之后就引发了一轮反弹行情。如图 10.3 所示。

板块指数和个股的开盘情况，在 09:20～09:25 就很真实了。如果开盘情况和预判相一致，就不需要更改操盘计划。如果开盘情况和预判不一致，要及时应变，重新进行分析、反思和调整。

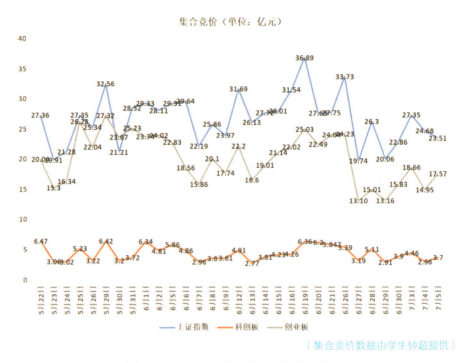

图 10.2　每个交易日对集合竞价进行统计

　　如果我们的预判和思路与盘面不一致，必须马上进行调整，调整到与市场相一致。必须对市场无条件敬畏和服从，不能带有主观意愿。

　　09:25　可以确定当天的集合竞价（包括大盘指数和个股）。一方面要对指数的集合竞价进行收集和整理，据此初步判断当天的市场情绪。另一方面，快速浏览上一个交易日的热门板块和龙头股、身位股，掌握当天早盘的市场高度和热点是否持续，以及龙头股所在板块的表现、人气、板块效应等。如图 10.4 所示。

　　至此，当天有没有交易机会，要不要开新仓，要不要加仓，要不要减仓等交易计划基本了然于胸。

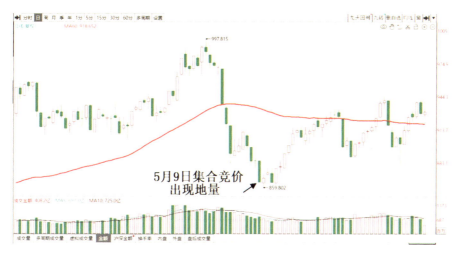

图 10.3　科创板集合竞价地量引发反弹

图 10.4　09:25 集合竞价关注开盘情况

以上就是在 09:30 连续竞价之前，需关注的具有价值的信息。

如果日常复盘工作做得充分、到位，很多时候，09:30 开盘不久就可以下班了。"09:30 下班"的背后，是多年的功力和日常高效的复盘工作。如图 10.5 所示。

09:30 之后，需继续关注连续竞价后快速上涨的板块、快速下跌的板块，以及市场最高身位的个股运行是否稳定、是否已经封板或者换手健康，做好开盘后市场情绪的再次评估。

以上程序认认真真地做一遍、做十遍、做百遍，盘中就会越来越有盘感，越发得心应手。

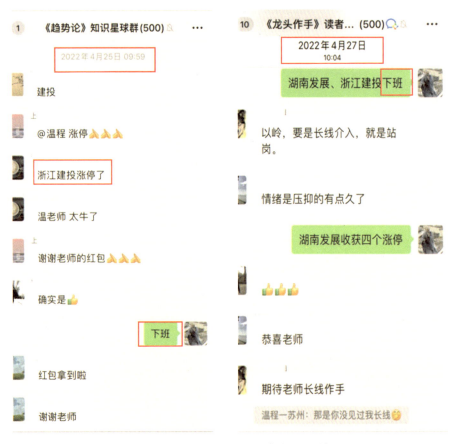

图 10.5　个股在 09:30 连续竞价不久封板

复盘模板内容分为三部分：

1. 大盘指数复盘

重点关注大盘的基本数据、市场情绪和赚钱效应等。

2. 概念板块复盘

复盘重点关注的题材概念、风口、板块效应和建制等，规避退潮的题材，精准聚焦主线和方向。

3. 涨停个股复盘

对当日涨停个股进行系统整理、归类，评估市场身位票、连板票、领涨股等，及时锁定龙头股。

下面以 2023 年 6 月 26 日笔者发表的复盘模板为例进行说明，帮助读者更深入地了解模块复盘的使用方法和意义。

第一节　大盘指数复盘

1.大盘指数的涨跌幅。见表 10.1。

上证指数	创业板指数	科创板指数
−1.48%	−1.16%	−2.18%

表 10.1

表格使用说明：记录当日大盘指数的基本数据。

2.大盘指数的集合竞价。见表 10.2。

2023 年 6 月 26 日集合竞价：创业板 24.23 亿元，上证 33.73 亿元，科创板 5.39 亿元。

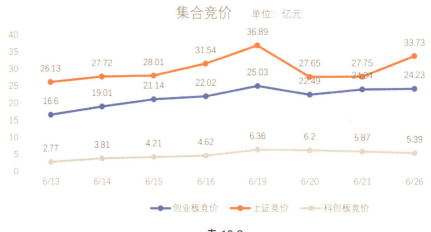

表 10.2

　　表格使用说明：集合竞价是一天当中最早反映市场情绪和交易意愿的指标，也是最真实的指标。如果在下降通道中集合竞价出现地量，很容易出现反弹。比如，6月12日科创板出现了地量，之后就引发了一波反弹行情。如图10.6所示。

图 10.6　地量引发反弹

　　3. 大盘的日成交量。见表 10.3。

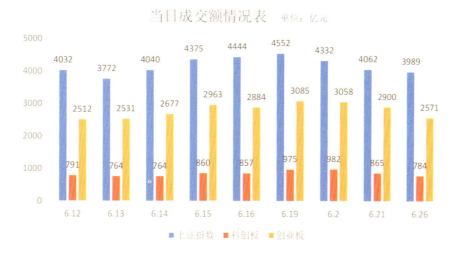

表 10.3　各大盘指数日成交量统计

表格使用说明：与集合竞价类似，如果在高位，日成交量达到天量水平，很有可能出现头部区间。比如，创业板在 2021 年至 2022 年筑顶期间，多次出现日成交量超 3500 亿、集合竞价 33 亿～35 亿的天量水平。

4.涨停、跌停个股数量及比例。见表 10.4。

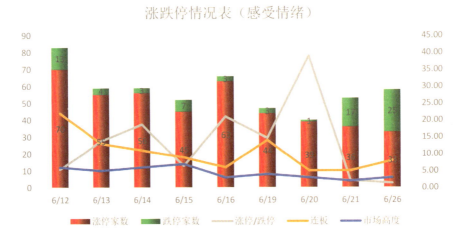

表 10.4　各指标综合反映市场情绪

表格使用说明：涨停、跌停的家数，尤其是跌停的家数，可以精准地反映当天市场的赚钱效应和情绪，真正赚钱效应好的市场环境当天跌停的个股极少。有时候，虽然涨停个股的数量不少，但是跌停的个股也很多，当天的赚钱效应就不会太理想。另外，如果涨停家数达到峰值，也容易出现市场过热，从而转为调整。

5.上涨、下跌个股数量及比例。见表 10.5。

表格使用说明：每日上涨家数更能够客观反映出市场的赚钱效应，只有中小市值个股普遍上涨、活跃，市场才能够形成人气，才能够体现赚钱效应。有时候，市场资金只拉权重股，会出现超 4000 只个股下

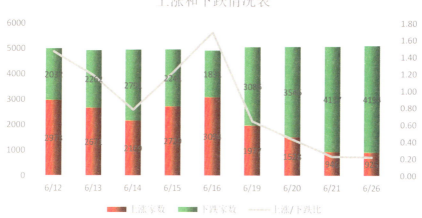

上涨和下跌情况表

时间	星期	非st股票				st股票			创业板涨幅	成交量			上涨家数	下跌家数	涨跌比
		涨停数	跌停数	连板个数	涨跌比	涨停数	跌停数	涨跌比		创业板	上证	沪深两市			
2023/6/9	星期五	64	2	8	32	10	9	1.1	0.90%	2673	4133	8436	2742	2237	1.2
2023/6/12	星期一	62	2	15	31	9	11	0.8	0.44%	2513	4032	9654	2973	2032	1.5
2023/6/13	星期二	45	1	10	45	10	3	3.3	0.68%	2532	3772	9423	2671	2262	1.2
2023/6/14	星期三	48	0	9	48:0	8	3	2.7	-0.17%	2677	4040	10006	2169	2791	0.8
2023/6/15	星期四	40	4	8	10	4	3	1.3	3.44%	2963	4375	10724	2729	2241	1.2
2023/6/16	星期五	51	1	4	51	10	2	5.0	1.44%	2884	4444	10677	3094	1831	1.7
2023/6/19	星期一	46	3	10	15	3	2	2.7	-0.21%	3085	4552	11067	1977	3086	0.6
2023/6/20	星期二	39	1	5	39	3	10	0.3	0.28%	3058	4332	10900	1528	3546	0.4
2023/6/21	星期三	37	17	5	2	8	3	2.7	-2.62%	2900	4062	10219	946	4137	0.2

[集合竞价数据由学生黄家荣、陈文凯提供]

表 10.5 上涨、下跌个股数量的统计

跌但指数仍然红盘收盘的现象，这样的市场赚钱效应就会很差。

6.本周期市场总龙头的状态。

中马传动（603767）连板成功。

7.大盘指数的趋势区间和位置。

大盘指数所在的趋势区间，决定了我们的交易策略和仓位。明确指数、板块和个股所处的趋势区间和位置，是非常重要的前提。

笔者于6月19日、20日连续发表观点，指出各指数反弹至日线M60之下，如果围而不攻，指数将要回调，结果次日指数便出现大跌。所以，对指数复盘的意义在于弄清楚市场目前所处的位置，并据此制定好近期的交易策略。如图10.7所示。

交易策略及复盘　　　**6月20日**

三.市场预判

1.上证指数。今天上证指数继续关注是否大阳线上攻日M60，如果上攻，果断跟进场。<u>如果迟迟不攻，大概率要重新回落。</u>

2.创业板指。而创业板也反弹至日线M60的压力处，大概率会反弹受阻回落。届时如果<u>指数双双回落，本轮反弹也将接近尾声。</u>

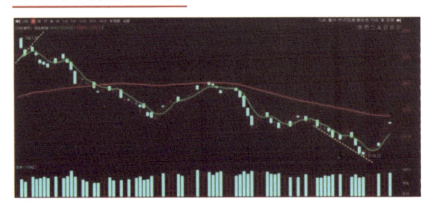

图 10.7　作者于 6 月 20 日发表的观点

第二节 概念板块及风口的复盘

1. 板块指数涨幅排行。见表 10.6。

当日涨幅	5 日涨幅	10 日涨幅
电力	减速器	减速器
抽水蓄能	电力	共封装光学（CPO）
燃气	中船系	自动化设备
绿色电力	自动化设备	工业母机
PET 铜箔	国防军工	汽车零部件
生物质能发电	国产航母	通信设备
超超临界发电	TOPCon 电池	华为汽车
碳交易	工业母机	汽车整车
贵金属	PET 铜箔	F5G 概念

表 10.6

表格使用说明：当日涨幅最大的板块，往往是投资者极为感兴趣的，但是有一点我们要知道，当日涨幅最大，不一定有持续性行情，不一定能够形成风口。

当日涨幅最大的板块，经常会出现"一日游"的情况。形成有效的风口，实质上需要具备三个条件：（1）题材的持续性；（2）板块联动效应和完整的板块建制；（3）板块指数的有效突破。

观察题材的持续性，5 日涨幅和 10 日涨幅的参考价值更大。

观察板块联动效应和建制，板块涨停个股数量的参考价值更大。

2.涨停个股最多的板块。见表10.7。

今日涨停及数量		昨日涨停及数量	
国企改革	12	新能源汽车	18
电力	12	比亚迪概念	12
光伏概念	10	机器人概念	11
绿色电力	7	专精特新	9
新能源汽车	7	国企改革	8
创投	7	汽车零部件	8

表10.7

表格使用说明：通过对以上指标的复盘，我们可以了解到，6月中下旬应该重点关注的板块和方向是机器人、电力、新能源汽车、汽车零部件、专精特新等方向，其他的题材至少在本轮周期中可以忽略。

通过复盘板块，关注的方向会更加聚焦，行情的确定性和持续性会更好。

3.近期风口跟踪。见表10.8。

形成风口的板块及涨停数		前期风口板块及涨停数		待观察板块及涨停数	
机器人概念	6	汽车零部件	4	国企改革	12
减速器（机器人分支）	2			新能源汽车	7
工业母机	0			抽水蓄能	4
				电力	12

表10.8

表格使用说明：通过对风口跟踪表格的整理和分析，将会更加精准地锁定方向。比如，6月中下旬的机器人概念、减速器和工业母机等。

如果没有参与到处于风口的机会，本轮周期就会错失行情。

待观察的板块，是即将突破但目前尚未突破的板块，是我们的储备和预判，即有可能成为下一个周期风口的方向。

4. 板块跌幅统计（概念有退潮的可能）。见表 10.9。

当日跌幅	5 日跌幅	10 日跌幅
Web3.0	知识产权保护	房地产服务
AIGC 概念	传媒	空间计算
ChatGPT 概念	快手概念	租售同权
数据确权	文化传媒	房地产开发
华为欧拉	酒店及传媒	互联网电商

表 10.9

表格使用说明：板块跌幅的统计也非常重要，主要用于辅助我们判断有可能退潮的板块和题材。

2023 年 4 月至 5 月，市场的风口在传媒、AI、算力等题材上，通过前面表格 10.1、10.2、10.3 的复盘，我们能够精准锁定并及时参与。

来到 6 月份之后，通过对板块跌幅的统计我们发现，AI、ChatGPT、传媒这些题材经常出现在退潮的表格当中，因此，6 月份就要尽量回避这些题材，不要参与。因为上一轮周期的风口已经退潮，本周期已经形成新的风口。要知道，在金矿坑里找金子，比在垃圾堆里找金子效率要高得多。

5. 板块联动效应及板块建制。见表 10.10。

概念板块	涨停数	板块效应	板块联动备注
机器人概念	6	有	市场最高身位： 中马传动（5 天 4 板）、南方精工（3 板）
新能源汽车	7	有	涨停个数多板块／市场最高身位： 中马传动（5 天 4 板）、南方精工
电力	12	有	今日涨停及涨幅最多板块： 深南电 A（2 板）、新中港（2 板）
光伏概念	12	无	涨停个数较多板块： 双星新材（2 板）

表 10.10

表格使用说明：板块的联动效应和板块建制，是锁定风口方向的重中之重，因此，该表格是专门用来进行整理和总结的。完成该表格的内容后，近期市场上值得参与的一到两个方向自然而然就会显现出来。

从笔者在 2023 年 6 月 26 日的复盘模型中可知，机器人板块（减速器是其分支）和新能源汽车板块就是我们应该参与的确定性机会，其龙头股中马传动是市场选择的结果，我们只需要做好跟随即可。

6 月 21 日正值市场经受"端午劫"的考验，根据复盘模板，我和部分学生已经参与了南方精工和中马传动。如图 10.8 所示。

6 月 27 日，笔者发表文章指出，中马传动竞争成功，今天是去弱留强、调仓换股的机会，应该卖出南方精工，把仓位全部加到中马传动上去。如图 10.9 所示。

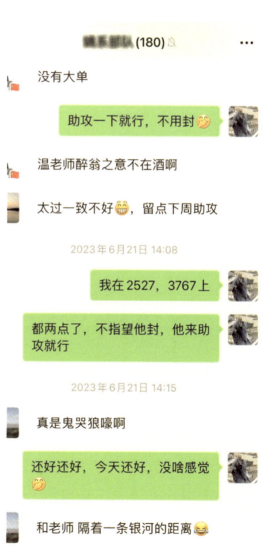

图 10.8　与学生的日常交易和交流

图 10.9　笔者于 2023 年 6 月 27 日发表的观点

我们是要根据股市运行的客观规律对市场进行预判，但是，我们不应该依据预判去做交易，我们应该根据市场的选择去做交易。

如果市场暂时没有明确的选择，我们就等，耐心等待市场做出选择。

正是因为有了系统的复盘模板，我们才能够在交易时间做到心中有数，才能够做到聚焦，才能够做到盘中跟随市场、游刃有余！

第三节　涨停个股复盘

1.市场身位（统计到 2 板及以上）。见表 10.11。

市场身位	个股	板块	涨停类型	换手率	涨停时间
5 天 4 板	中马传动	新能源汽车、减速器（机器人概念）	换手板	4.36%	9：31：00
3 天 3 板	南方精工	新能源汽车、机器人概念	一字板	2%	9：25：00
3 天 2 板	恒为科技	计算机设备、机器人	换手板	10.85%	13：15：47
	大晟文化	传媒	换手板	6.08%	9：31：30
2 天 2 板	深南电 A	电力、储能、虚拟电厂	换手板	11.64%	9：34：30
	京城股份	天然气、机器人	换手板	8.7%	10：51：11
	东晶电子	半导体及原件	T 字板	19.58%	10：57：00
	华脉科技	通信设备、机器人	一字板	0.61%	9：30：00
	新中港	热电联产、电力	换手板	37.26%	13：42：04
	双星新材	光伏、PET 铜箔	T 字板	14.96%	11：16：51

表 10.11

表格使用说明：龙头股有一个最大的特征就是领涨性，不仅能够带动板块中的其他个股上涨，而且能够带动板块指数上涨，有时甚至可以左右整个市场的情绪。因此，每日对市场身位进行统计，是必不可少的工作。

通过对市场身位的统计，我们发现 6 月 26 日市场身位最高、具有板块联动效应，且经过充分换手的个股，只有中马传动，可见龙头股都是市场选出来的。

不管在哪个周期，要敢于拥抱、参与龙头股，与龙头共舞，是短线交易的不二选择！

2.高身位个股所在板块效应及建制。见表10.12。

高身位个股	所属板块	板块效应	板块建制
中马传动	减速器（机器人）、新能源汽车	有	完整
南方精工			
恒为科技	机器人	有	完整
京城股份			
深南电A	电力	有	完整
新中港			
华脉科技	F5G概念	无	不完整
双星新材	PET铜箔板块	无	不完整
大晟文化	文化传媒	无	不完整
东晶电子	半导体及原件	无	不完整

表10.12

表格使用说明：选股的本质是选择板块，不同题材的个股之争背后其实是板块之争。不是所有上涨的板块或涨停的个股都值得我们关注，我们需要寻找的是具有板块效应和板块建制完整的。

通过对板块建制的分析，我们发现，本周期中新能源汽车、机器人等板块符合参与交易的条件，而传媒、通信等板块，暂时不符合参与的条件。

3. 身位个股的复合概念分析。见表 10.13。

股票名称	市场身位	复合概念
南方精工	3 天 3 板	芯片概念；新能源汽车；工业机器人；机器人概念；比亚迪概念；汽车芯片；减速器；专精特新；ChatGPT 概念；人工智能
中马传动	5 天 4 板	乡村振兴；农机；新能源汽车；减速器
恒为科技	3 天 2 板	人工智能；大数据；工业 4.0；华为概念；专精特新；东数西算（算力）；5G；智能电网；机器人概念；创投；军工；新能源
深南电 A	2 连板	核电；固废处理；储能；粤港澳大湾区；节能环保
双星新材	2 连板	华为概念；光伏概念，PET 铜箔；参股银行
华脉科技	2 连板	光纤光缆；物联网；边缘计算；数据中心；5G；F5G 概念；人工智能；WiFi6

表 10.13

表格使用说明：在趋势交易体系当中，中长线的白马股公司主营业务越单一越好，但是短线交易的个股优先选择具有复合概念的。

具有复合概念的个股，很容易被不同题材的资金接力炒作。尤其是本周期身位最高的个股和各个板块中身位最高的个股，如果其本身具有复合概念，集数个热门题材于一身，大概率会被市场各路资金打造出来。

4. 连板启动之后 M5 未破的个股。见表 10.14。

股票名称	断板前身位	板块	换手率	备注
新时达	5 天 4 板	机器人	34.88%	断板后不破 M5
金科股份	4 天 3 板	房地产	20.18%	断板后不破 M5
长春一东	4 天 3 板	新能源汽车	19.72%	断板后不破 M5
高斯贝尔	4 天 2 板	5G、军工	26.10%	断板后不破 M5
共进股份	3 天 2 板	5G、虚拟现实	11.45%	断板后不破 M5
科力尔	2 连板	机器人、新能源汽车	43.55%	断板后不破 M5
可川科技	2 连板	新能源汽车、共封装光学	31.09%	断板后不破 M5

表 10.14

表格使用说明：连板启动之后一度断板，后市如果一直保持在 M5 之上运行，换手健康，需要继续跟踪，存在涨停反包的可能。

5. 当日涨停个股汇总。见表 10.15。

板块	个股	几天几板	换手率	首次涨停时间	涨停原因及类别	涨停类型
新能源汽车	中马传动	5 天 4 板	4.35%	09:31:00	汽车变速器＋车辆齿轮＋减速器	放量涨停
	南方精工	3 天 3 板	2%	09:30:00	RV 减速机配套轴承＋机器人＋SoC 芯片＋人工智能	一字涨停、缩量涨停
	铁流股份	首板涨停	8.32%	09:31:45	传动系统制造＋高精密零部件＋空心电机轴	放量涨停
	春秋电子	首板涨停	2.39%	09:40:30	精密模具＋通信设备＋特斯拉	放量涨停
	银河电子	首板涨停	11.72%	11:04:46	充电桩＋储能＋机器人＋军工	放量涨停
	一彬科技	首板涨停	21.31%	09:40:45	汽车零部件＋新能源汽车＋比亚迪＋次新股	放量涨停
电力	深南电 A	2 天 2 板	11.64%	09:34:45	电力＋虚拟电厂＋储能	放量涨停
	新中港	2 天 2 板	37.26%	13:42:16	热电联产＋三维虚拟电厂	放量涨停
	恒盛能源	首板涨停	37.23%	14:08:31	电力＋热电联产	放量涨停
	京能电力	首板涨停	2.07%	09:49:00	电力＋供热＋绿色电力	放量涨停
	杭州热电	首板涨停	18.91%	13:31:16	热电联产＋煤炭＋虚拟电厂＋国企改革	放量涨停
	世茂能源	首板涨停	30.47%	14:51:31	热电联产＋光伏＋绿色电力	放量涨停
	京能热力	首板涨停	12.77%	13:48:31	热力供应＋节能环保＋国企改革	放量涨停
	桂东电力	首板涨停	14.75%	09:36:00	更名＋电力＋光伏＋风电	放量涨停
	建投能源	首板涨停	5.08%	09:44:15	电力＋光伏＋储能	缩量涨停
	皖能电力	首板涨停	4.76%	10:09:16	电力＋碳交易＋光伏＋风电	放量涨停
	豫能控股	首板涨停	3.96%	10:08:16	电力＋煤炭＋光伏＋风电	放量涨停
	闽东电力	首板涨停	13.02%	14:53:16	绿色电力＋光伏＋风电＋智能电网	放量涨停

续表

机器人概念	京城股份	2天2板	8.7%	10：51：16	氢能源＋天然气＋气体储运装备	放量涨停
	恒为科技	3天2板	10.85%	13：16：01	网络可视化＋数据安全＋机器人＋内部转让股份	放量涨停
	文一科技	首板涨停	15.45%	11：00：46	机器人＋先进封装＋芯片	放量涨停
其他	东晶电子	2天2板	19.58%	09：30：00	石英晶体元器件＋晶体震荡器	T字涨停、放量涨停
	双星新材	2天2板	14.96%	09：30：00	PET铜箔＋高分子材料＋光伏＋光学膜	T字涨停、放量涨停
	华脉科技	2天2板	0.61%	09：30：00	实控人变更＋数据中心＋光纤光缆	一字涨停、缩量涨停
	大晟文化	3天2板	6.08%	09：31：30	网络游戏＋影视传媒＋增资	放量涨停
	深华发A	首板涨停	1.45%	09：34：30	精密注塑件＋泡沫件＋显示器	放量涨停
	宏达新材	首板涨停	2.29%	09：31：15	摘帽＋PCB＋硅橡胶＋网络安全	缩量涨停
	亚太实业	首板涨停	3.65%	09：33：15	收购＋精细化工＋医药中间体	放量涨停
	联合水务	首板涨停	28.36%	14：01：31	综合水务公司＋"一带一路"＋次新股	放量涨停
	五洲特纸	首板涨停	15.45%	09：42：30	拟定增＋股权激励＋特种纸＋食品包装纸	放量涨停
	英联股份	首板涨停	11.48%	11：16：31	PET铜箔＋锂电池＋铝塑膜＋包装印刷	放量涨停
	长白山	首板涨停	2.91%	09：54：00	景点及旅游＋国企改革	缩量涨停
	南京公用	首板涨停	5.97%	10：45：46	天然气＋充电桩＋换电＋物业管理	放量涨停

表 10.15

表格使用说明：复盘模板的最后一项，是对当日涨停的所有个股进行汇总，并按照所属板块进行归类。这有助于我们整体了解当天的市场情绪、题材热点、板块配合、龙头股身位、涨停时间（领涨还是跟涨）、换手情况等。涨停的个股，不一定每一只都是龙头股，但是龙头股一定隐藏在涨停榜当中。

系统的、科学的复盘模板，对于我们把握市场风口和方向，聚焦龙头和机会作用非常大。

对于大部分投资者来说，一定要坚持定期复盘，对于职业选手来说，每日系统复盘是基本功。复盘不是简单机械地统计数据，否则机器就可以完成了。复盘除了数据的收集和整理，必须加上我们独立的思考和分析才有灵魂。

大盘指数、板块指数和个股的关系

➢ 大盘指数决定了本周期的交易策略和仓位配置。

➢ 板块指数决定了风口，即能否进行个股交易。

➢ 板块中的龙头股，决定了确定性、安全性和盈利。

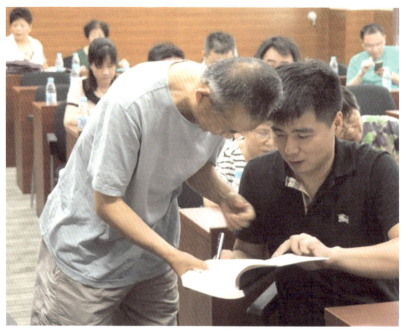

2018 年在上海与投资者互动交流

2018 年在上海财经大学向投资
分享趋势交易体系

2018 年趋势交易体系读者年会（苏州）

2019 年趋势交易体系读者年会（北京）

2020 年趋势交易体系读者年会（成都）

趋势交易体系高级班合影

2018 年接受电视台专访

2019 年在北京向投资者分享趋势交易体系

2019 年在江苏昆山向投资者分享趋势交易体系

2020 年在杭州向投资者分享趋势交易体系

"每日复盘"之中央经济工作会议重点解读

为书友讲解龙头战法

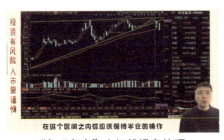

"每日复盘"之短线操盘技巧

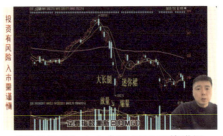

"每日复盘"之生命线 M60 实战讲解